La guía definitiva paso a paso para encontrar e invertir en bienes inmuebles fuera del mercado:

Cómo convertí $39,000 en $50 millones en nueve años al encontrar y descubrir plusvalía oculta antes que nadie

Copyright © 2019 por Liran Koren

Todos los derechos reservados.

Primera edición

También proporciona entrenamiento en profundidad y webscrapers personalizados a través de su empresa educativa en: www.lirankoren.com.

También puedes contratar sus servicios de administración de propiedades y adquisición para inversores directamente en www.luxurypropertycare.com

Límite de responsabilidad: Este libro se presenta solo con fines informativos y no como una fuente de asesoramiento profesional en materia de inversión, legal o fiscal. El autor no asume ninguna responsabilidad por errores, imprecisiones u omisiones. Aunque el autor ha hecho todos los esfuerzos razonables para garantizar que la información contenida en este documento sea precisa y esté actualizada, el autor no hace declaraciones ni garantías con respecto a la precisión o integridad del contenido de este libro.

Las marcas registradas, los nombres de productos o las características nombradas son propiedad de sus respectivos dueños y se usan solo como referencia. El autor no hace ninguna aprobación explícita o implícita de ningún producto o servicio mencionado en este libro.

Dedicatoria

Para mi familia: ¡Realmente los amo más que a mi computadora!

Los veo poniendo sus ojos en blanco, pero ni siquiera sé por dónde empezar agradeciendo a todos los que hicieron esto posible.

Creo que deberíamos comenzar con Shoshi Koren, mi mayor fan desde que ella estaba cambiando mis pañales. Mamá, sé que pensaste que nunca me había dado cuenta, pero tu apoyo sin fin y tu espíritu inquebrantable me hicieron seguir incluso en los peores momentos. Mis sueños habrían permanecido una fantasía si no fuera por tu alma generosa y siempre amable que me saludaba llamándome a la cima de cada montaña.

Pero incluso ese estímulo interminable no hubiera sido suficiente sin papá manteniéndome firme y concentrado. Sé que me resistí a tus enseñanzas en ese momento, pero me hiciste el hombre que soy hoy. ¡Dios sabe de seguro que has impreso en mi la pasión de trabajar con mi mente en lugar de con mis manos!

Luego está Max Hefter. Mi compañero, mentor y hermano de otra madre. El primer adicto al trabajo multitarea que conocí que me avergonzó y lo hizo verse fácil. Parece que fue ayer cuando estábamos disparándonos locos planes de negocios el uno al otro durante el almuerzo, cada uno tratando de superar al otro. ¿Quién podría haber imaginado en aquel entonces lo que hemos logrado? Hiciste de la vida una experiencia más rica y estoy siempre en deuda contigo por tomar a este nerd informático de ojos salvajes bajo tu protección.

¡Y hay tantos otros, pero tan poco espacio aquí!

Orna Eizenman - Mi maestra de secundaria

¡Es la maestra extraordinaria que puede enseñar a un niño que rara vez aparecía a alcanzar las estrellas! Eres el destinado a cosas más grandes.

Gil Perlberg - Mi oficial al mando en las FDI

Muchas gracias por creer en un soldado rebelde y darme la confianza para creer en mí mismo en las circunstancias más duras.

Sacaste mi trasero del fuego y me pusiste de nuevo en el camino hacia el éxito.

A mis compañeros Ryan Taylor y James Weley de Londres, saben por lo que estoy agradecido. Les debo a ambos para siempre por poner mi pie en la puerta.

Y Avi Yahav, no creas que me olvidé de ti. Ni siquiera estaría aquí en Estados Unidos sin la abundante ayuda del buen samaritano más amable que he conocido. Cuando no tenía a dónde recurrir, estabas allí. Gracias.

Caridad Morales - ¡Mi dulce e incansablemente paciente señora de la limpieza que ha agregado años a mi vida ahorrando todo el tiempo que de lo contrario perdería viviendo como un adulto!

Y para los cientos de personas que reciben una copia gratuita de este libro, lamento que no haya espacio para enumerarlos a todos aquí, pero nunca están lejos de mi corazón.

Ahora es suficiente de las cosas sentimentales antes de que comience a llorar. ¡Hagamos algo de dinero!

Índice

¿Quién soy yo para dar una conferencia a alguien?........1

    Acabando con los mitos y malentendidos más comunes que asustan a los inversores..............17

FASE UNO: Sienta las bases para un éxito duradero...........25

    ¿Por qué fracasan tantos profesionales de bienes raíces?.........26

        1) Los bienes inmuebles son exactamente lo contrario de "ingresos pasivos"...........28

        2) El sector inmobiliario es la definición misma de una inversión de alto riesgo...........29

        3) Las propiedades inmobiliarias requieren mucho más que efectivo a mano y una actitud de "ir a obtener"............31

    La plusvalía es la cosa de Invertir 101, entonces ¿por qué no me callaría al respecto?..........33

        Plusvalía versus Ganancia: Por qué necesitas una nueva línea base...........33

        La plusvalía es cómo evitamos especular...........36

        La plusvalía es la gestión de riesgos cuantificada............37

        La plusvalía abre infinitas oportunidades, incluso en mercados supuestamente superpoblados...........39

        Mientras más plusvalía tengas, más fácil será revelar aún más...........40

Pero no tengo capital y apenas puedo pagar mi propio alquiler. ¿Cómo puedo construir un cofre de guerra para jugar con los Chicos Grandes?...........43

    Asociaciones..........43

    Inversión extranjera..........44

    Financiamiento..........44

    Crecimiento escalado..........45

Cómo construir un equipo y un negocio que dominen el mercado con un presupuesto 46

    Conocimiento 47

    Servicios de datos y asistentes 48

    Contratación de freelancers con mejores prácticas 50

    Legal 53

    Inspector de viviendas 54

    Contratistas de mejoras para la casa 55

    Agentes de bienes raíces 56

Tuercas y tornillos: La matemática básica que necesitas resolver antes de cada trato 58

    El tiempo ES la variable clave de tu sistema de precios y valoración 59

    Seguimiento de la plusvalía estimada 62

    Estimando tus costos totales 63

Charlas de efectivo, caminatas de MI**DA: Por qué el efectivo es el rey y el financiamiento te convierte en un peón 71

    El efectivo libera mejores ofertas. 73

Encuentra tu nicho: El pez grande en un pequeño estanque es siempre gordo y feliz 75

    Quién: Nichos de usuario final 78

    Qué: Nichos de propiedad 81

    Dónde: Nichos de ubicación 84

    Cuando: Nichos de vendedor 86

    Cómo: Nichos de habilidad para inversores 88

FASE DOS: Integrándolo todo 89

    Las mejores fuentes de oportunidades de alquiler y reventa: Fuera del mercado es el único mercado 90

    Proceso de ejecución hipotecaria y oportunidades 92

        Ejecución hipotecaria judicial 93

Ejecución hipotecaria no judicial o legal 99

Revendiendo o alquilando propiedades previas a la ejecución hipotecaria: desde la A a la Z 102

    Fase uno: Evaluación inicial... 102

    Fase dos: Investigación manual.. 109

    Fase tres: Generación de clientes potenciales 113

    Fase cuatro: Hacer contacto y enviar ofertas.................... 118

    Fase cinco: Debida diligencia previa al cierre.................. 131

Subastas de ejecución hipotecaria - No más victorias pírricas 150

    Las claves para ofertar y ganar en una subasta: 153

Ejecución Hipotecaria de la Asociación de Propietarios de Vivienda: La forma segura pero lucrativa de ingresar a estas posiciones 157

    Obteniendo beneficio de gravámenes de la Asociación de Propietarios y ejecuciones hipotecarias de la Asociación de Propietarios.. 157

FASE TRES: Gestión del riesgo en cualquier mercado 172

Velocidad, inventario y costo de oportunidad: Por qué un pájaro flaco en la sartén vale más que 100 volando 173

    Recambio... 174

    Inventario 174

    El poder cambiante del juego del recambio de inventario . 174

Rehabilitación de casas: Agregar valor máximo con un esfuerzo mínimo 176

    ¿Qué mejoras y reparaciones realmente valen la pena? 176

    Tuercas y tornillos de renovación y gestión de contratistas. 177

Negociación preventiva: Cómo mantener la ventaja incluso en cualquier mercado.. 181

Tipos de propiedades de las que debes estar cansado como revendedor o inquilino.. 185

Reflexiones finales y palabras de aliento 190
Sobre el autor 192

Regístrate ahora para realizar un recorrido gratuito de una hora de mi curso intensivo Insider's Crash Course (Curso Intensivo con Información Privilegiada) para invertir en bienes inmuebles fuera del mercado.

Anímate y tómate un momento para buscar en Google. Te garantizo que este es el único curso de inversión inmobiliaria en el mundo que incluye webscrapers personalizados para cualquier condado de los EE.UU. y seis meses de tutoría personal con todo incluido para garantizar que domines tu mercado local.

www.lirankoren.com

¿Quién soy yo para dar una conferencia a alguien?

"No trates de convertirte en un hombre de éxito. Sino en un hombre de valores".

– Albert Einstein

Oh, estaba sudando copiosamente, pero por una vez no tenía nada que ver con la hirviente humedad del sur de Florida. El aire acondicionado no hizo nada para reprimir la avaricia que irradiaban los 50 inversionistas ricos en una pequeña sala de conferencias construida para 20 en el juzgado. Este era un tipo completamente nuevo de olla a presión. Un núcleo de reactor de fusión del capitalismo estadounidense desbocado de alto octanaje.

Esta era una subasta de ejecución hipotecaria en medio del Gran Colapso del Mercado Inmobiliario a principios del 2009. Mi primera subasta en la historia.

En el condado de Broward, Florida, de todos los lugares. Epicentro de algunas de las peores carnicerías de bienes raíces en la historia moderna. Y todos los tiburones estaban dando vueltas. Había grandes personalidades locales que reconocí por sus comerciales de televisión, magnates de bienes raíces de otros estados con múltiples maletas repletas de dinero en efectivo, guardaespaldas, agentes inmobiliarios profesionales hablando por varios teléfonos a la vez, incluso negociando buscando compradores personales que querían engullir algunas casas vacacionales más para sus clientes de la realeza de Arabia Saudita.

Y luego estaba yo.

Moviéndome de un pie a otro en el medio de la manada, hice todo lo posible para parecer un niño grande que sabía lo que estaba haciendo. Uno de los oficiales de seguridad de la corte me miró con el ceño fruncido como si se preguntara dónde estaban mis padres. Estaba tan seguro de que tenía todo bajo control, al menos cuando mi compañero y yo teníamos el descabellado esquema de "hacernos ricos" en la próxima subasta de propiedades. Sería muy fácil, ¿verdad?

Claro, había incursionado en un par de compras de bienes raíces en el mercado y tenía casi toda mi vida ahorrada en un par de condominios de alquiler. Me consideraba un inversor inteligente, pero la realidad me golpeó duro estaba muy por encima de mi categoría de peso. Era un recien llegado inmigrante y aburrido nerd. Mi especialidad era solucionar problemas de redes de computadoras, no jugar Monopolio en la vida real.

No tenía dinero para gastar, conexiones para obtener información privilegiada o incluso la más mínima capacitación formal en bienes raíces. Solo una vieja computadora portátil llena de algunas hojas de cálculo de Excel y lo que quién sabe si incluso eran estimaciones precisas sobre la plusvalía en diferentes propiedades de subasta. Todo lo que sabía sobre las subastas de propiedades era lo que leí la noche anterior en Wikipedia y en el sitio web de la corte. ¿Qué oportunidad tenía?

Seré honesto, la respuesta de escapar o pelear se activó cuando miré el reloj de pared. Dos minutos para que todo comenzara. Podría dar media vuelta y alejarme en ese momento sin perder nada.

Excepto por mi orgullo. Afortunadamente, como siempre, fui demasiado arrogante como para rendirme.

Así que conté hasta diez y apreté los dientes, moviendo los hombros para calentarme para lo que sea que hubiera en tienda. Había servido tres años en el ejército de Israel. Me quemé las pestañas trabajando 100 horas semanales gestionando servicios de TI para los principales bancos de Londres. Luego, pasé semanas de trabajo de ocho días construyendo mi propia empresa de servicios informáticos desde cero cuando emigré a Estados Unidos con nada más que la ropa en mi espalda y unos pocos meses de ahorros. Todo antes de cumplir 27 años. El estrés era mi amante. La adrenalina mi musa. La conquista de un desafío "imposible" era la única razón por la que valía la pena levantarme de la cama por la mañana.

"¡Tú puedes! ¡Siempre has trabajado más duro e inteligentemente que cualquiera de estos viejos tontos ricos!"

Un hombre mayor presionando contra mi hombro en la multitud seguía murmurando una charla motivacional similar una y otra vez. Me di vuelta y le lancé un guiño comprensivo...solo que él solo me miró y frunció los labios.

¿Yo estaba murmurando en voz alta?

Traté de reírme. "Lo siento, solo un toque de nervios. No estaba hablando de ti".

Sacudió su cartera de cuero, abultada con montones de listados, en la computadora portátil que agarré con fuerza contra mi pecho.

"¿Es tu primera vez, hijo? ¿Te preocupa que te sobrepases?"

Resoplé, pero mi boca se secó y tropecé con mis palabras. Una sonrisa parpadeó en su cara curtida.

"Bien, porque así es como aprendes a nadar".

Se encogió de hombros y bostezó. "O al menos dejar espacio para el resto de nosotros".

Bang

Como una pistola de arranque, el secretario de la corte golpeó su mazo cuando el reloj dio las 10:00. La manada puso atención mientras un representante del Banco de América se puso de pie y ladró:

"Caso número 10-45734, por $90,000..."

Esa fue toda la información que dieron en aquel entonces, y hoy no ha cambiado mucho. Solo un número de demanda del titular de la hipoteca y la oferta de apertura. ¿Qué tipo de propiedad? ¿Cuál es la dirección? Era tu problema averiguarlo. Si no estuviste rastreando obsesivamente los registros públicos de la corte antes de la subasta, se te había acabado la suerte. En este juego frenético, toma solo diez segundos ver si superar la última oferta todavía hace que este sea un buen negocio para ti como para perderlo.

Claramente, sin embargo, algunas personas habían hecho su tarea. O al menos un poco. Un hombre y una mujer gritaron "¡$95,000!" al mismo tiempo y se gruñían el uno al otro. Otro tipo leyó a toda velocidad a través de su computadora. Podía contar cada kilobyte de datos que descargó minuciosamente en el Wi-Fi local sobrecargado por el ritmo de su pie pisando fuerte.

"Uh, ¡$100,000!"

Alguien más se cubrió una oreja y presionó un teléfono contra la otra. "¿Estás seguro? ¿El servicio de registro de propiedades coincide? " Dos segundos después, gritó alrededor de su teléfono al subastador. "¡$105 mil!"

Todos los demás postores se encogieron de hombros y se quedaron callados. El hombre con la lenta conexión a internet se mordió el labio y lanzó una moneda. Solo sacudió la cabeza cuando el representante del banco levantó una ceja en su dirección.

"3, 2, 1...vendida. Próximo caso número 10-757120, por $50,000..."

Todo el proceso tomó menos de 60 segundos.

No pude evitar silbar. Quiero decir, sabía intelectualmente que el condado tenía alrededor de cuatrocientas propiedades para subastar en solo siete horas, por lo que las cosas debían moverse rápido. Pero presenciar el cierre de acuerdos de seis cifras en solo uno o dos minutos fue alucinante. ¡Y estas personas hacían esto todos los días! ¿En qué me había metido?

Tranquilicé mis nervios abriendo mi computadora portátil y ubicándola en unos centímetros de espacio en la mesa más cercana. Tal vez no entendí toda la terminología que estos grandes jugadores estaban lanzando, y seguro que no tenía millones en dinero para apostar en inversiones especulativas, pero tenía dos ases bajo la manga.

El primero era esa hermosa hoja de cálculo de Excel que brillaba en mi cara, unía cada número de caso con la propiedad correspondiente y enumeraba cada fragmento de datos disponibles públicamente sobre cada elemento en la subasta del día. Tal vez fue una exageración, ya que solo tenía el dinero para ofertar en uno, tal vez dos lugares si los precios eran realmente buenos...pero ahora podría sacar las mejores ofertas de un río de ejecuciones hipotecarias e ignorar el resto. Entonces me di cuenta de que mi verdadera vulnerabilidad no era la ingenuidad. Muy por el contrario.

Sabía demasiado.

"Debes tener una conexión a Internet mucho mejor que yo. ¿Estás usando una tarjeta Aircard o algo así?..."

Tragué saliva cuando un agente de bienes raíces a mi lado en la mesa llena comenzó a mirar mi pantalla. Sin decir una palabra, agarré mi equipo y corrí a una esquina de la habitación.

Agachándome contra la pared, envolví la computadora contra mi pecho como un bebé recién nacido. Claro, tenía una lente polarizadora en la pantalla para mantener alejados los ojos curiosos, pero seguía ajustando el ángulo de mi pantalla cada vez que alguien se movía a mi alrededor. Estos grandes inversores eran lo suficientemente ricos. No estaba listo para compartir mi mina de oro de webscrapers personalizados. Los datos aburridos en mi computadora valían mucho más que el sobre lleno de efectivo en mi bolsillo.

Mis scripts se ejecutaron durante toda la noche anterior, obteniendo y haciendo referencias cruzadas de los sitios web de tasadores de propiedades, asesores fiscales y empleados de la corte, además de los listados del servicio de registro de propiedades y las ventas comparables de CoreLogic. Luego pasé la mayor parte de la mañana filtrando los potenciales para ignorar cualquier cosa con menos del 30% de plusvalía y aplicando mi propio proceso de valoración a las mejores ofertas.

Si eso suena melodramático, recuerda que estos fueron los días oscuros de perro-come-perro del 2009, cuando el "cielo se estaba cayendo" en todo el mundo inmobiliario. O lloviendo maná del cielo, dependiendo de la cantidad de datos que tenías a mano. Y no puedo hacer suficiente hincapié en lo poderosa que era y sigue siendo la información en este negocio. El más mínimo detalle en una propiedad puede marcar la diferencia entre una inversión asesina o estar bajo el agua como el propietario anterior. Los constantes gritos de frustración en la sala abarrotada cada vez que un sitio web estaba lento y alguien tenía que adivinar una oferta eran prueba suficiente.

Aun así, tenía otro as bajo la manga. Mi compañero, Max Hefter, se pavoneó cinco minutos después de que comenzara la subasta, después de que se cerraron al menos seis acuerdos. El viejo capataz de la construcción y fundador de su propio exitoso negocio de suministros textiles se deslizó hacia mí a través del mar de gritos, maldiciendo a millonarios como si fuera el dueño del lugar.

¿Por qué te arrodillas en la esquina, Liran? ¿Agotaste tu tiempo de espera?"

Dejó caer un par de banquetas plegables. Incluso tenían portavasos para el café recién hecho que él traía. Como siempre, Max tenía cada pequeño detalle planeado con anticipación.

Traté de igualar su calma como de monje, pero mi voz rechinó de mi pecho palpitante. "Simplemente cambiaron los representantes bancarios. Creo que los casos que queríamos son los siguientes. ¿Lo entendiste?"

Max me lanzó una memoria USB. Mis manos temblorosas lograron enchufarla en el tercer intento.

"Sí, llamé a todos los abogados bancarios de nuestra lista y les pregunté cuál era su precio. No hay tiempo para revisar las casas en persona, pero ahora sabemos cada oferta de apertura que van a realizar con anticipación. Entonces, ¿cuál es la nueva cuenta de plusvalía?"

Comprar propiedades baratas en una subasta puede parecer un juego fácil. Un caso clásico de comprar bajo, vender alto. Los prestamistas prefieren conservar montones de deuda en papel que pueden revender varias veces a través de esquemas de "ingeniería financiera". Dado que lo último en el mundo que quiere un banco es mantener un inventario físico de las propiedades que le cuestan dinero, descontarían su oferta de apertura y tirarían cada ejecución hipotecaria rápidamente, a menudo aceptando solo centavos por dólar. Son solo marginalmente menos riesgosos en la actualidad. Todo es el sueño de un cazador de gangas, si sabías cuál era la oferta de apertura del banco antes de que comenzara la subasta y no tenías que perder unos preciosos segundos ejecutando una nueva estimación de plusvalía.

Lo que ahora sabía, gracias a Max.

Mientras que todos los demás se apresuraron a buscar plusvalía y valor en esos momentos fugaces después de que el banquero leyó el caso y ofertó, Max y yo ya sabíamos si valía la pena ofertar por la propiedad. Y exactamente qué tan alto podríamos llegar y aun así garantizar una ganancia cómoda. Mientras gritaban ofertas entre sí en el frenético calor del momento, nosotros podríamos tomarnos nuestro tiempo y pensar en cada dólar que arriesgábamos. El tiempo para ofertar con calma y confianza puede parecer una pequeña ventaja, pero marcó la diferencia en ese entonces y todavía lo hace hoy.

Por un breve minuto, justo en ese momento el Wi-Fi local se cayó. No es que fuera un problema para nosotros. Tenía todo fuera de línea y ni siquiera me había molestado en conectarme a Internet. Mientras que el resto de mis compañeros más experimentados gritaban en los teléfonos y maldecían en el aire, me tomó solo unos pocos clics para actualizar toda mi hoja de cálculo y clasificar las nuevas oportunidades potenciales. Nos saltamos las siguientes propiedades, ya que pude ver de inmediato que los márgenes de ganancia eran demasiado escasos, pero finalmente tuvimos un caso que estaba en mi lista.

"Ahí está, Max. Tiene un margen de $90,000 entre la oferta del banco y el valor. No podemos gastar más de..."

"...ir por $15,000".

Así que nos pusimos en marcha.

"¡Veinte!" "¡Treinta!" "¡Treinta y cinco!"

Aún no había abierto la boca y estábamos cerca del límite de lo que calculé que debería ser nuestra oferta máxima. La mayor parte de la sala abandonó la subasta rápidamente.

El último hombre que seguía estaba sentado, tan relajado y en control con su traje Armani como si fuera su bata de baño. El tipo que estaba acaparando una de las pocas mesas en la sala no era un agente, y seguro que no era un inversionista aficionado como yo. Nunca supe su nombre, pero estaba claro que él era el importante hombre de dinero detrás de escena. El guardaespaldas posado detrás de él, con los músculos ocultos donde terminaban sus tríceps y comenzaba su cuello, lo delató. Flotando alrededor del Sr. Bolsas de Dinero, un pequeño ejército de agentes inmobiliarios susurró en sus teléfonos mientras metía las narices en sus computadoras.

"¡Treinta y seis!" Solté el número en la parte superior de mis pulmones, que aparentemente salió como un chillido. El representante del banco ahuecó su oído en mi dirección.

"¿Qué fue eso señor?"

El Sr. Bolsas de Dinero inclinó la cabeza, dándome una mirada desde mis mocasines a la parte superior de mi traje barato. Levantó la nariz y chasqueó los dedos a uno de sus agentes. Si ejecutaban el mismo tipo de cálculos que yo, sabía lo que ese equipo iba a ofertar a continuación. Así que los corté y salté un poco por delante de ellos.

"¡Dije treinta y ocho mil!"

Bolsas de Dinero puso los ojos en blanco y murmuró a su agente. Ella ladró "¡Cuarenta!" antes de cruzar sus brazos y mirarme.

Max me dio un codazo cuando abrí la boca. Se inclinó para revisar mi pantalla, pero sabía lo que iba a decir. Mi hoja de cálculo puso nuestra oferta máxima en $39,000, por lo que deberíamos estar fuera de la carrera...pero ¿cómo podría estar seguro de que no me había equivocado? ¿Qué pasa si fui demasiado conservador en mi valoración de la casa? Unos pocos puntos porcentuales no deberían marcar la diferencia, ¿verdad?

Como de costumbre, Max atravesó la niebla.

"Espera. ¿Es esto realmente tan buen negocio? ¿Qué está haciendo una casa de tres habitaciones en ese vecindario repetitivo sin un garaje adjunto?" Extendió la mano e hizo clic en las fotos de la casa que había descargado.

"Ah, ¿lo ves? Convirtieron el garaje en una nueva sala, pero eso no se informa en el sitio del tasador de la propiedad. Estamos viendo algunas multas de cumplimiento de códigos importantes y tarifas de inspección. Probablemente también usaron un contratista barato, por lo que veo en el trabajo desigual de la fachada, por lo que habrá que arreglarlo. Piensa en al menos cinco mil para poner todo bien. Dios sabe qué otras sorpresas hay dentro si los propietarios cortan tantas esquinas".

"...y vendido. Siguiente caso..."

Mientras Max y yo chocábamos los cinco por la llamada cercana, el Sr. Bolsas de Dinero sonrió y hurgó en su abultado maletín. Sacó el depósito del 5% en efectivo y se acercó a la ventanilla del cajero. Segundos después de que le pagó al empleado, uno de sus agentes colgó con lo que supuse que era otro representante en el campo inspeccionando las nuevas compras. El rico inversor sacudió la cabeza y se echó a reír cuando escuchó las malas noticias sobre su nueva inversión. Apreté los dientes y me mantuve enfocado en el próximo caso caliente que se avecinaba. Tal vez era un juego para él, pero Max y yo no teníamos dinero que desperdiciar. No había margen de error.

Lo que, afortunadamente, no fue una gran preocupación para nosotros. No, no teníamos recursos ni asistentes ilimitados, pero seguimos apilando la baraja a nuestro favor al recolectar una gran cantidad de datos disponibles públicamente, lo que te mostraré exactamente cómo hacer también.

Estuvimos en ello el resto de la mañana, haciendo referencias cruzadas de cada número de caso nuevo con nuestros datos para ver instantáneamente si había plusvalía en la casa y, de ser así, exactamente cuánto podríamos ofertar y aún tener un margen de error seguro en este mercado en caída libre.

Pasamos por varios casos más y nos superó una pareja. En el tiempo de inactividad, Max revisó mi trabajo y ofreció sus propias ideas. Señaló a uno en particular que estaba a la mitad de mi lista.

"¿Por qué este condominio no está en la cima de la pila? Conozco ese vecindario. Alta calidad, al lado de la universidad, muchas oportunidades de alquiler. Probablemente la única área en la ciudad donde los precios de las viviendas son más o menos estables. Sé que estás obsesionado con la plusvalía, pero ¿qué tan rápido podemos revender un lugar tan importante? Así que creo que en realidad lo infravaloraste un poco aquí".

Hice un recálculo manual rápido y él tenía razón. A diferencia de la mayoría de las otras propiedades, sus ventas comparables no estaban dominadas por ejecuciones hipotecarias. Una sola ejecución hipotecaria estaba bajando el promedio de las ventas comparables, y eso fue para un departamento a dos cuadras de distancia. Una vez que reemplacé el valor atípico con un condominio que se ajusta mejor del mismo edificio y presioné "filtrar por el valor más grande" en Excel, esta propiedad saltó hasta la parte superior de la columna de plusvalía.

Construido y vendido dos años antes por $230,000, el fallo final fue de aproximadamente $260,000. Con las viejas ventas comparables diciendo que el valor de mercado era de solo $52,000, el banco abriría con una oferta de $39,300. Cualquiera que use un programa de ventas comparables automatizado, como por ejemplo los licitadores de la subasta con solo 60 segundos para calcular manualmente el valor de una casa, todavía tendría esa antigua estimación de mercado de $52,000. Entonces, esta propiedad no era exactamente una gran oferta si seguía la regla 70/30.

Pero con una búsqueda rápida de ventas comparables manual, el valor real era de al menos $90,000.

¿Realmente podríamos ser los únicos en notar eso? Max y yo silbamos al mismo tiempo cuando se llamó al caso poco antes del almuerzo. Comencé a gritar "$40,000", esperando que alguien más descubriera el valor de la propiedad y subiera el precio en poco tiempo, pero la repentina quietud en la habitación cuando todos se apresuraron a buscar el condominio increíblemente con descuento me dio una idea.

En lugar de chillar y gritar, bostecé y mencioné "39,400" antes de que alguien hiciera una oferta.

Los siguientes diez segundos de completo silencio fueron los más largos de mi vida. Sin el ferviente llamado a las armas de un inversionista entusiasmado que indicaba que un lugar era particularmente interesante, era difícil para los otros postores reunir la motivación para meterse con otra evaluación de propiedad apresurada en algo de tan "bajo valor". Después de todo, fue un proceso fatigante. Cada minuto, una nueva lucha para ser el primero en aprender exactamente lo que vale una inversión, y luego repetir eso sin parar durante horas.

Solo el equipo de agentes del Sr. Bolsas de Dinero parecía ocupado. En el último segundo, uno de sus empleados se echó hacia atrás y susurró algo al oído del hombre importante. El jefe arqueó la frente brevemente y luego nos miró. La calma de Max debió de haberse contagiado conmigo, porque logré evitar que mi pie golpeara demasiado rápido y de alguna manera conseguí que mis manos inquietas se quedaran quietas.

Bolsas de Dinero gruñó. "Si las ventas comparables estuvieran realmente mal, ese tipo lo habría notado. ¡No te preocupes por esta! Tenemos peces más grandes que pescar".

"Se va en 3, 2, 1...¡Vendida!"

Fue la cosa más hermosa y aterradora que jamás haya visto. Nadie ofertó contra nosotros.

¿Acabamos de dar un buen golpe o nos jodimos?

Max y yo no dijimos una palabra mientras nos paramos y marchamos hacia el mostrador del cajero. Mis manos temblorosas dejaron caer algunos billetes cuando saqué un sobre de mi bolsillo y saqué la mitad del depósito en efectivo. El cajero nos dio un recibo y eso fue todo.

Ahora el reloj corría. Teníamos hasta el mediodía del día siguiente para pagar el 95% restante o abandonar nuestro depósito. Estoy seguro de que el tribunal consideraba que este era un período de "enfriamiento" para reconsiderar el acuerdo, pero mi mente estaba corriendo aún más rápido que antes.

Max me dio una palmada en la espalda. "Eso fue divertido. ¿Qué dices si vamos a pasear y vemos lo que acabamos de comprar?"

"Hazlo tú. Sabes lo que estamos buscando. Voy a la oficina del abogado y estaré sobre su hombro mientras él hace la búsqueda del título."

Doce tensos días más tarde, después de realizar múltiples búsquedas de títulos y acosar a mi abogado con un millón de preguntas, finalmente obtuvimos el título completo.

Condujimos directamente desde la oficina del abogado al condominio, y nos encontramos con un par de contratistas de Max en la puerta. Estábamos listos para cualquier cosa cuando abrimos la puerta, excepto lo que encontramos.

El sitio estaba inmaculado. 100% listo para una mudanza. El último ocupante incluso había aspirado justo antes de mudarse.

En lugar de venderlo rápidamente, terminamos alquilándolo a precios premium durante unos años antes de finalmente cobrar $170,000.

Pero es más que solo la riqueza. No puedo describir cómo se siente comprar tu primera propiedad sin verla en una subasta y luego ver el activo real...No hay palabras, pero una cosa estaba clara. Desde ese día, Max y yo tuvimos una nueva carrera. ¡Sabíamos exactamente dónde queríamos gastar nuestro tiempo y dinero!

Abandoné mi compañía de servicios informáticos y me sumergí en bienes raíces. No solo las subastas de ejecución hipotecaria, sino también los tratos pre-ejecución hipotecaria directamente con los propietarios, las subastas al fisco, las ventas al descubierto, lo que se te ocurra. No era solo una forma de ganar dinero, un pasatiempo o incluso una cosa de ego. El mercado inmobiliario fuera del mercado era una adicción. El desafío y la emoción de cazar y negociar por la plusvalía oculta es algo que no se puede encontrar en la mayoría de las industrias. Leí todos los libros sobre el tema que pude encontrar y seguí innumerables casos judiciales y transferencias de títulos, solo para ver cómo funcionaban las cosas. Tomé nota de los tratos más ricos en plusvalía e interrogué a todos los inversores, abogados de bienes raíces y agentes de cotización involucrados hasta que incluso se aburrieron de hablar.

Pero valió la pena. Max y yo de seguro no teníamos bolsillos profundos, y nunca tomamos otro socio. Nunca lo necesitamos. Hay otras formas de capital aún más valiosas que el dinero.

Si inviertes en ti y aportas nuevas habilidades al negocio, dominarás tu campo, sin importar con cuánto dinero comiences. Debido a que el dinero llegará eventualmente a cualquier persona que se enfoque en el valor que puede agregar a una empresa, en lugar de solo en cómo pueden ganar dinero rápidamente.

Si bien ese primer trato en el 2009 podría haber sido suficiente para conseguirnos un rico inversionista silencioso, Max y yo decidimos financiarnos a nosotros mismos. Con mi búsqueda de plusvalía antes de la competencia y él manejando los aspectos básicos de la rehabilitación y puesta en escena de la casa, aumentamos nuestro inventario hasta 20 unidades ese primer año. A pesar de las ganancias acumuladas, ninguno de nosotros cobró dinero después de los primeros tratos. Todo lo contrario, invertimos cada centavo de sobra que pudimos recolectar durante ese primer año. Regresamos cada dólar a la compañía, incluso difiriendo impuestos hasta el infinito a través de intercambios 1031.

Habíamos acordado que no nos permitiríamos un solo centavo en ganancias hasta que alcanzáramos $1 millón en ingresos. No puedo enfatizar lo suficiente lo importante que es esta parte. Digamos que estás comenzando con solo $20,000 en capital. Obtienes $10,000 en ganancias netas de tu primer trato después de tres meses. Muchos inversores cobrarán una gran parte de esa nueva plusvalía comercial, solo aumentando su "cofre de guerra" de forma incremental. Pero si tú mismo agregas capital de valor, buscas un crecimiento exponencial. Entonces, si mantienes intacto ese fondo de $30,000, ahora puedes hacer dos ofertas de $15,000 a la vez, lo que casi duplicará tus fondos en el segundo trimestre. Luego puedes hacer cuatro tratos el próximo trimestre y así sucesivamente.

Ese fue el modelo exacto que utilizamos. Ah, nos aferramos a algunas propiedades de alquiler para mantener un flujo de caja constante, pero principalmente nos centramos en llevar las casas fuera del mercado al mercado lo más rápido posible. Si bien ninguno de nuestras reventas fue particularmente grande, los rendimientos compuestos del alto volumen fueron impresionantes. Durante ese primer año, nuestra inversión total promedio en cada propiedad fue de $50,000 en dólares en 2009. Eso cuenta todo, desde la compra inicial hasta la rehabilitación, los costos de mantenimiento y cierre.

Solo apuntamos a propiedades con al menos 30% de plusvalía y obtuvimos una ganancia promedio en cada casa de solo 20% después de todos los gastos.

No quiere decir que no hubo muchas ofertas que arrojaron 50% - 100%, las que llamamos inversiones "dulces". Más que suficiente para compensar los errores ocasionales que cometimos y aun así obtener una ganancia neta considerable. Estos tratos dulces no tenían nada que ver con la suerte. Se trata de esa vieja y aburrida ventaja de datos. Lo que otros inversores llaman suerte es solo una certeza estadística cuando eres un comprador persistente y bien informado. Cuando puedes ofertar tranquilamente en una subasta o hacer una oferta firme directamente a un propietario, con confianza y metódicamente en muchas propiedades al día, obtendrás excelentes ofertas. Tendrás una gran ventaja cuando otras personas duden porque no tienen información disponible sobre la plusvalía disponible o no conocen el vecindario.

El resultado neto para el año fue de $1 millón en ingresos y $200,000 en ganancias antes de impuestos, todo a partir de una inversión inicial de $250,000 (bombeada lentamente a lo largo del año). Y eso fue principalmente por simples reventas de subastas. No fue hasta más tarde que nos ramificamos y descubrimos el inmenso valor de comprar el título directamente de los propietarios en el período anterior a la ejecución hipotecaria, o de obtener un título barato a través de subastas de la Asociación de Propietarios o cualquiera de los trucos legales que pueden reducir drásticamente el monto de pago de un prestamista.

Haciendo un avance rápido nueve años después de ese comienzo modesto ahora hemos generado más de $50 millones en ingresos solo de la inversión tradicional de propiedades, sin contar los ingresos por alquileres de bonificación y la apreciación del capital de varias docenas de tratos "alternativos".

No menciono esto para presumir, sino para mostrar cómo la suerte, las conexiones o incluso los bolsillos profundos no son necesarios para patear culos en la inversión inmobiliaria. De acuerdo, en un mercado inmobiliario no colapsante como el que tenemos hoy, definitivamente gastarás más en cada trato que en esos días locos del 2009, pero con valores de propiedad más altos en todos los ámbitos, el índice de plusvalía no es diferente. Por lo tanto, no hay razón para que no puedas superar nuestros retornos. Especialmente porque este libro y mis cursos en línea acelerarán tu proceso de aprendizaje por muchos años y te salvarán de cometer errores extremadamente costosos.

Y para reiterar el tema central de este libro: la plusvalía es la consideración más importante al evaluar cualquier inversión. Es posible que tengas mala suerte con los inquilinos o juzgues mal qué tan barato y rápido puedes revender una propiedad, pero si solo se trata de propiedades con grandes reservas de plusvalía, siempre saldrás "en positivo" en cualquier trato.

Ese principio simple es el secreto número 1 para mi éxito. Cuando la gente me llama "gurú" ahora todavía no lo creo. A veces parece que fue ayer que era un inmigrante reciente. Un geek informático sin experiencia en bienes raíces. Al principio ni siquiera podía deletrear "Lis Pendens", y mi acento era tan intenso que Max a menudo necesitaba traducir mi inglés cuando hablaba con los propietarios.

Pero lo logré para convertirme en el inversor principal en mi mercado local, por lo que no hay absolutamente ninguna razón para que no puedas superar ese éxito también.

La "fórmula secreta para el éxito en el sector inmobiliario" es realmente bastante simple: nunca te sorprendas, nunca seas codicioso y nunca dejes de aprender.

Cometimos muchos errores en el camino, es cierto, pero nunca nos sorprendió en ningún momento. Nos apegamos a un enfoque metódico basado en datos que se centró en la plusvalía, la velocidad del retorno y la rentabilidad para cada paso del proceso. Algunas fueron excelentes ofertas que nos permitieron duplicar nuestra inversión, otras no se vendieron tan rápido como nos gustó, por lo que aceptamos ofertas de baja calidad que nos dieron tan solo un 5% de ganancia.

Sin embargo, la clave de todo fue el aprendizaje constante. Cuando algo salió bien, me obsesioné con todos los detalles legales, financieros y personales para descubrir cómo podíamos hacerlo aún mejor la próxima vez. Cuando las cosas se pusieron de otra forma, entré en los detalles 10 veces para aprender cómo asegurarme de que nunca vuelva a suceder.

Ese es el punto simple de este libro y mis cursos en línea: reducir drásticamente esa curva de aprendizaje para ti, ahorrándote decenas de miles de dólares y años de estrés en el proceso.

De acuerdo, tal vez haya una gran dosis de indulgencia del ego en la mezcla. Porque en este punto, el dinero es solo un juego. Cuando ya has ganado millones en un campo en particular, un poco más de efectivo no hace una gran diferencia. Sin embargo, lo único que el dinero no puede comprar es la satisfacción personal que disfruto cada vez que un cliente me llama para invitarme a su "Fiesta de Nuevo Millonario".

Mientras escribía este libro en el 2018 y buscaba una forma de articular cuánto espacio había en la parte superior, pensé que simplemente dejaría que los números hablaran por sí mismos. En este momento, el valor total de los bienes inmuebles propiedad de particulares en los Estados Unidos es de aproximadamente $25.6 billones, con un total de hipotecas pendientes de $10.3 billones.

Entonces, estamos hablando de $15.2 *billones* en plusvalía inmobiliaria privada.[1]

Es grandioso, un buffet de "todo lo que puedas comer". Mi sueño es asegurarme de que todos tengan un asiento en la mesa.

---

[1] Board of Governors of the Federal Reserve System (U.S.), Households and Nonprofit Organizations; Home Mortgages; Liability, Level [HHMSDODNS], recuperado de FRED, Federal Reserve Bank of St. Louis; https://fred.stlouisfed.org/series/HHMSDODNS Diciembre 18, 2018.

Acabando con los mitos y malentendidos más comunes que asustan a los inversores.

1) Necesitas una tonelada de capital para comenzar.

Este es, con mucho, el mito más dañino que hace que tantos inversores se pierdan este vasto mercado. No hay nada que le impida construir un imperio inmobiliario de propiedades múltiples en un año, con un valor de mercado de más de $1 millón, utilizando menos capital del necesario para comprar un auto nuevo. Y no estoy hablando de hacer un pago inicial para obtener un préstamo o cualquier apalancamiento financiero. De hecho, cuando recién comienzas, debes tratar de mantenerte alejado de cualquier tipo de financiamiento de deuda. En cambio, usa las técnicas que aprendes aquí para aprovechar pequeñas cantidades de tu capital para controlar el interés sobre una propiedad costosa.

Por ejemplo, con solo $5,000 en efectivo inicial, y a veces incluso menos, dependiendo de tu mercado local, puedes posicionarte para obtener el título a través de un derecho de retención de la Asociación de Propietarios e incluso eliminar el interés del prestamista original en algunos estados. Como mínimo, puedes superar fácilmente a todos cuando el lugar finalmente vaya a subastarse debido a la asignación de tu derecho excedente. Cubriré todos los detalles sobre cómo lograr esto en la Fase Dos.

Si tienes un poco más de dinero en efectivo, te mostraré cómo encontrar propiedades "en dificultades" fuera del mercado pre-ejecución hipotecaria antes que los demás. Luego puedes ir directamente al propietario y obtener el título de una casa de $200,000 por $10,000/20,000. Agrega un poco más para que el lugar esté a la altura de los estándares de venta, pero los grandes gastos como pagar la hipoteca y otras deudas no son tu problema. El comprador al que revendas se encargará de eso. Tú estás aprovechando *su* hipoteca en lugar de la tuya para mantener tus gastos de capital al mínimo.

2) El sector inmobiliario es una inversión especulativa, al igual que el mercado de valores, pero sin la capacidad de liquidar rápidamente una mala inversión.

Claro, hay muchos nichos y estilos de inversión inmobiliaria, y algunos de ellos son bastante arriesgados. Las estrategias que estoy exponiendo aquí no implican ninguna especulación. La suerte, el mercado general o los caprichos de los compradores no juegan un papel cuando se sigue un enfoque de inversión basado en datos y centrado en la plusvalía. Lo mejor de todo, ya que todo esto es un juego de números en lugar de un arte, es que puedo enseñarle a cualquiera que esté dispuesto a invertir unas horas de su tiempo cómo hacerlo.

Estamos buscando plusvalía existente, por lo que sabemos que podemos vender nuestro inventario con una ganancia garantizada a toda prisa. Esencialmente, estamos buscando oportunidades similares al arbitraje, en lugar de solo descuentos. Siempre y cuando solo inviertas en propiedades con mucha plusvalía, siempre estarás en posiciones de bajo riesgo y mantendrás activos semilíquidos que se venderán a corto plazo con algún nivel de ganancia.

Contrasta esa estrategia con jugar en el mercado de valores. En Wall Street, toda la plusvalía es increíblemente cara. Cada centavo de plusvalía que puedes encontrar se vende por un importante multiplicador sobre su valor, incluso en un mercado bajista. Entonces, ¿la acción XYZ es realmente una buena compra a 20 veces su relación Precio/Plusvalía, solo porque hoy se negoció por debajo del promedio móvil de 50 días? Todavía estás gastando $20 para comprar cada valor de $1 de plusvalía, solo con la esperanza de que alguien más vaya por ti y pague aún más. Puedes señalar todos los indicadores técnicos que deseas para justificar esa apuesta, pero al final del día sigue siendo solo especulación. Estás completamente a merced del mercado más amplio y no tienes ninguna ventaja sobre nadie más. Tu único margen de seguridad es cuánto puedes tolerar perder mientras esperas impotente a que el precio oscile a tu favor.

¿Qué tal jugar un juego diferente? Uno donde estableces las reglas. En lugar de gastar $50,000 para comprar una participación accionaria de $2,500 y apostar a que el precio subirá pronto, ¿por qué no comprar plusvalía de bienes inmuebles garantizada por un descuento inmediato? Esos mismos $50,000 que ibas a mantener en un fondo de acciones indexadas y sectoriales o lo que sea te puede permitir obtener propiedad real con $100,000 o más de plusvalía disponible entre el precio de venta inmediato y la deuda adeudada. Sin especulaciones, no se requiere un amuleto de pata de conejo ni noches de insomnio.

3) Los bienes inmuebles son riesgosos porque hay demasiados factores que están fuera de tu control.

Esto tiene un núcleo de verdad, pero pierde lo fácil que es manejar el riesgo. No estamos actuando de forma inconsecuente cuando compramos bienes raíces. Estamos extrayendo datos de miles de registros de propiedades fuera del mercado cada mes y luego extrayendo los diamantes del resto. Y lo estamos haciendo antes de que llegue la competencia y comience una guerra de ofertas. Con este enfoque, puedes poner las reglas a tu favor antes de firmar en la línea punteada.

Cuando tienes más de 1,000 clientes potenciales en una ciudad, pero solo el capital suficiente para invertir en una o dos propiedades, puedes ser bastante selectivo. Solo tocas coséchalo mejor de lo mejor: aquellas inversiones con la mayor plusvalía disponible, la menor cantidad de factores de riesgo y ubicadas en los vecindarios de mayor demanda. En resumen, las apuestas seguras que valdrán la pena incluso si el mercado de repente baja. Realmente, este negocio solo se vuelve arriesgado cuando administras tanto capital que tienes que apuntar a viviendas de menor plusvalía solo para poner todo tu dinero a trabajar. ¿Pero no es un buen problema que tener?

4) El mercado está demasiado lleno. Demasiados inversores y poco inventario para obtener una ganancia constante hoy en día.

El "mercado" tiene lo mismo que ver con la búsqueda de plusvalía que el precio de la carne de venado en el supermercado con la puntería del cazador. ¿Qué te importan cuántos inversores están navegando por Zillow y el servicio de registro de propiedades en busca de ofertas? No son tus competidores. Estás acechando un terreno de caza completamente diferente.

Estamos sacando nuestras inversiones del desierto y llevándolas *al* mercado por primera vez. Ya sea alquilando o revendiendo, el éxito sostenible proviene de las ofertas inteligentes en ejecuciones hipotecarias, Asociación de Propietarios y subastas fiscales, o de encontrar y afianzar a propietarios angustiados que aún no venden sus casas para transferir el título y dejar que tú lo hagas por ellos.

En cuanto al inventario, si no hay suficientes viviendas en el mercado para satisfacer la demanda local, entonces eso es aún mejor para ti. Menos competencia y puedes obtener precios más altos para la "carne" que trajiste al mercado.

Si hay un mercado local de vendedores, con demasiadas casas a la venta, entonces una *gaviota de rapiña* de plusvalía también está bastante bien. Con todos los datos sobre ventas recientes y pendientes disponibles, será aún más fácil para ti estimar un precio de venta rápido y solo buscar las propiedades del "gran juego" que te devolverán una gran cantidad de plusvalía cuando las lleves a este mercado abarrotado.

5) No tengo dinero ni conexiones serias. No hay forma de competir con los grandes jugadores y el sector inmobiliario no es un juego para aficionados.

Tengo que admitir que me enamoré de este mito cuando comencé. Oh, estaba tan intimidado. Probablemente habría tirado la toalla antes de cerrar el primer trato si mi compañero no hubiera calmado mis nervios. Me sentí como un pequeño primate primitivo corriendo entre las patas de los dinosaurios, haciendo mi mejor esfuerzo para comer algunas sobras sin ser aplastado.

Al menos al principio. No pasó mucho tiempo para ver por qué los poderosos reptiles se extinguieron y evolucionamos hasta convertirnos en el depredador definitivo del ápice.

Cuando realmente comencé a discutir con los grandes jugadores de dinero en las subastas, negociando acuerdos directamente con bancos y administradores hipotecarios o luchando contra abogados de ejecuciones hipotecarias en la corte, me di cuenta de que estos pesados dinosaurios no tenían ninguna posibilidad en mi contra.

No porque sea una especie de ninja inmobiliario, sino simplemente porque tengo dos ventajas insuperables en mi esquina que los "chicos grandes" nunca podrían igualar. Y también tendrás estos poderes, independientemente de tu nivel de habilidad inicial.

1) El poder del enfoque. Todos los grandes actores, desde los administradores de activos de fondos de inversión hasta los representantes del banco, están trabajando en cientos, si no miles de acuerdos a la vez. Simplemente no hay forma de que puedan dar a cada inversión la investigación práctica, evaluación y el cuidado que requiere. No hay suficientes horas en el día. Entonces, o delegan detalles cruciales a asistentes menos experimentados o se saltan las minucias por completo.

Compara eso con un emprendedor ágil como tú, que solo trabajará en uno o, a lo sumo, en un puñado de negocios a la vez. A diferencia de las grandes compañías con exceso de trabajo, tienes tiempo para verificar manualmente las comparaciones de ventas y no confiar exclusivamente en software de terceros. Puedes conducir a tus propiedades potenciales y verlas con tus propios ojos. Camina con tu inspector de casas y los contratistas de su casa y deja que te muestren de qué están hablando en lugar de simplemente leer un informe en tu oficina.

No enviarás volantes de correo directo masivo, sino que participarás en conversaciones largas y detalladas con propietarios angustiados, aprenderás información profunda sobre la propiedad, encontrarás sus puntos débiles y establecerás una buena relación. ¡Dios mío, incluso puedes darte el lujo de leer los contratos que estás firmando! Por no hablar de sentarte con tu abogado cara a cara y analizar tus opciones punto por punto.

El tiempo para tomarte tu tiempo es algo que el dinero no puede comprar y la experiencia no puede reemplazar.

2) El poder de la motivación. No solo tendrás el lujo de tomarte tu tiempo para estudiar cuidadosamente todo lo que estás haciendo y buscar consejos para cosas que aún no comprendes, sino que estarás mucho más motivado para hacerlo con más detalle y con mayor frecuencia que cualquier otro competidor importante. Si crees que es una noción pintoresca, dale un vistazo a los prestamistas con los que

estás negociando o a los otros inversores en efectivo con los que compites. No importa la reputación de la compañía. Piensa en las personas que manejan negocios particulares.

A pesar de su experiencia, estas personas son solo empleados de una gran máquina corporativa. No existe un motivador personal para su trabajo e inversiones, aparte del orgullo profesional general y un amplio impulso para avanzar en su carrera. No es que su dinero y reputación estén en juego cuando firman un acuerdo, entonces, ¿dónde está la presión para hacer un esfuerzo adicional? La única presión que tienen proviene de su gerencia y socios, empujándolos constantemente a apresurarse con las tareas actuales y pasar a la próxima Gran Prioridad. Incluso si están ganando comisiones, siempre serán conscientes del tiempo que dedican a un proyecto en particular. El impulso de terminar las cosas rápidamente y pasar a otra cosa, sin importar cuánto ganen, siempre está en el fondo de su mente y agota su motivación.

Compara esa mentalidad con tu hambre. No eres un cazador de plusvalía corporativo que cobra por hora o por una porción de la cosecha. Tú estás buscando plusvalía para comer. Para la supervivencia profesional. Eso significa que te sumergirás en cada detalle de un acuerdo y harás lo que sea necesario para minimizar el riesgo y maximizar las ganancias.

Y dado que la gestión de riesgos y el retorno de la inversión en este negocio se reducen a quién está dispuesto a dedicar más tiempo para recopilar más datos sobre una propiedad, tendrás una gran ventaja en cada trato. Un aficionado hambriento con el tiempo para mascar los números y la pasión por aprender siempre superará al profesional ocupado y distraído que solo necesita alcanzar algunas métricas de rendimiento mínimo cada trimestre para mantener al jefe alejado de sus espaldas.

6) Debes ser bueno reparando propiedades deterioradas para ganar buen dinero en bienes raíces.

Si bien muchas personas usan los términos indistintamente, "llevar propiedades al mercado" y "arreglar y revender" son dos nichos separados, cada uno con sus propias estrategias únicas. Nos estamos enfocando en la rehabilitación más segura de comprar propiedades fuera del mercado y liberar su plusvalía al traerlas al mercado. Aquí, encontramos casas que se encuentran en un estado habitable, sino del todo vendible, donde el problema principal es que están ocupadas por propietarios "angustiados" que no tienen los medios ni el interés para vender el lugar o alquilarlo.

Nuestro objetivo es simplemente lograr que las propiedades cumplan con los estándares de venta o alquiler de la manera más rápida y económica posible. Sí, siempre se requiere un trabajo estratégico y preciso de "rehabilitación". Cosas menores, como solucionar problemas de uso, alfombras desgastadas y electrodomésticos obsoletos, y luego mejorar el atractivo exterior a través de trabajos rápidos de jardinería y pintura. Pero no estamos tratando de crear un nuevo valor a través de renovaciones significativas, solo maximizando el valor actual de la casa de la manera más rentable posible. Si bien hay algunas excepciones, como regla general, si inviertes más dinero en la rehabilitación de una propiedad de lo que gastaste en adquirirla, entonces hiciste algo mal.

Todo este proceso no es tan "divertido" o "atractivo" como comprar propiedades dañadas a muy bajo precio y devolverles la vida. En lugar de embaldosar un baño o derribar paredes, estás creando valor al analizar las hojas de cálculo de Excel para obtener plusvalía oculta y negociar con los acreedores para obtener una recompensa más barata. Nadie hará un programa de televisión sobre un revendedor que pase el 99% de su día de trabajo en el teléfono o pegado a la pantalla de una computadora. Así que espero que no estés buscando fama en este negocio, pero al menos puedes consolarte con la fortuna.

Cuando compras plusvalía existente con un descuento y llevas la propiedad a un estado vendible, en lugar de tratar de crear plusvalía a través de nuevas construcciones y renovaciones, asumes mucho menos riesgo. Tal vez tu tasa de rendimiento por trato sea menor, pero tu negocio general prosperará. Puedes hacer tratos más pequeños, pero más seguros con mucha más frecuencia y aumentar tus ganancias en muy poco tiempo. Sin ofender a los increíbles emprendedores que las arreglan y las revenden que hacen que funcione. Admiro lo que hacen, pero ese nicho no es para mí. No soy ese tipo de tomador de riesgos.

No sé acerca de ti, pero me limitaré a rehabilitar las propiedades correctas a buenos vendedores, ya que podemos hacerlo más rápido, más barato y con mayor frecuencia que alguien que está arreglando las propiedades del desastre a grandiosos vendedores.

FASE UNO:
Sienta las bases para un éxito duradero

¿Por qué fracasan tantos profesionales de bienes raíces?

"Los hombres superficiales creen en la suerte. Los hombres fuertes creen en la causa y efecto."

Ralph Waldo Emerson

Al igual que cualquier esfuerzo comercial, hay innumerables pequeños errores que los jugadores nuevos e incluso experimentados pueden cometer que les costarán dinero. Aun así, el fracaso completo en esta industria generalmente se remonta a la compra de un inversionista de una de las grandes falacias inmobiliarias. Incluso si aún no estás involucrado y solo has buscado en Google algunas estrategias de reventa de viviendas y alquiler de viviendas, estoy seguro de que has visto estos peligrosos mitos perpetuados por todos los llamados "gurús" inmobiliarios:

La reventa de casas o el alquiler de propiedades son una fuente de ingresos pasivos de bajo riesgo que solo requieren el empuje, la determinación y el coraje estadounidenses tradicionales para ganar millones.

Chico, oh, chico. Podría escribir cien libros sobre todas las fortunas perdidas por nuevos inversores que fueron víctimas de esa ingenua fantasía. Casi me enamoré del concepto una o dos veces cuando estaba comenzando. Ahora, por supuesto, la inversión inmobiliaria puede ser un campo lucrativo, incluso mejor que el mercado de valores. Después de todo, ¿qué acciones decentes cotizan a un precio de la mitad o menos que la plusvalía de la compañía? Sin embargo, tales tratos son fáciles de encontrar en bienes inmuebles en dificultades fuera del mercado.

Soy una prueba de cómo un cualquiera puede ganarse la vida de manera consistente y excelente desde este nicho, así que estoy seguro de que no estoy tratando de asustarte...pero al igual que con cualquier emprendimiento empresarial, tener la mentalidad correcta y estar libre del auto-engaño son factores de éxito tan importantes como aumentar el capital o refinar tu estrategia comercial.

He visto demasiados inversores nuevos ultra motivados que creen en la exageración de todos los reality shows de televisión y un sinfín de "consejos de X para hacer millones revendiendo casas" en internet, o escuchado todos esos programas de radio en los que un "genio" está revelando su "sistema"...que generalmente implica una cuota de membresía de algún tipo. Estos inversionistas, normalmente sensatos, se sumergen directamente en este negocio con sus mentes llenas de sueños y vagos consejos genéricos, solo para estrellarse y quemarse cuando los vientos del mundo real golpean, por lo general incendiando sus ahorros de jubilación y de toda una vida en el proceso. Y toda esa carnicería podría haberse evitado si entraran en este negocio con los ojos claros y sin ninguna fantasía de MI**DA que nublara su juicio.

Si estás leyendo este libro, ya has dado un gran salto para asegurarte de que, pase lo que pase, no terminarás quebrado y arruinado como miles de otros posibles inversores. Al final del día, la verdadera diferencia entre profesionales felices y exitosos y aficionados amargos y en bancarrota no tiene nada que ver con la habilidad innata o la suerte; se trata de si buscaron y aplicaron o no los consejos duramente ganados de los inversores ensangrentados que los precedieron.

Como asesor de inversiones, mi misión es asesorar a mis clientes por encima de todo. No estoy aquí para animarlos o motivarlos, sino para armar a mis clientes con el conocimiento y la mentalidad de un inversionista inteligente. Convertir a los aficionados en profesionales astutos que saben cómo eliminar las conjeturas de hacer una inversión y gestionar todas las formas de riesgo, todo mientras encuentran valor y crean nueva plusvalía en el proceso.

La inversión inmobiliaria no es un "juego de caballeros". Especialmente hoy en día con tantas reventas ricas en efectivo que luchan por un grupo cada vez menor de propiedades en dificultades. Este mundo es una jungla en sus mejores días, y un campo de batalla directo la mayor parte del tiempo. Si bien la preparación mental requerirá mucho más trabajo que solo leer unas pocas páginas en un libro, permíteme al menos disipar estos mitos comunes que convierten a tantos inversionistas inteligentes en corderos que son llevados al matadero. Cubriremos paso a paso cómo evitar estas minas terrestres y más en la Parte 2, pero el primer paso es librar a tu mente de todo el bombo en torno a revender casas para ganarte la vida:

1) Los bienes inmuebles son exactamente lo contrario de "ingresos pasivos".

Ya sea que te concentres en reventas rápidas o en alquileres a largo plazo, trabajarás por cada dólar que ganes. Esta puede ser una industria antigua, pero tu negocio es una startup. ¿Y alguna vez has escuchado a un emprendedor exitoso presumir de lo poco que trabaja?

Al alquilar, tu participación nunca termina. Incluso con una compañía confiable de administración de propiedades para manejar los detalles mundanos, en última instancia, tú sigues siendo el propietario, con todas las responsabilidades que conlleva. Así que delega la supervisión bajo tu propio riesgo. Al revender, no importa qué tan buen equipo hayas reunido, aún debes saber qué pagar por una inversión, encontrar formas de crear valor resolviendo problemas legales y físicos a bajo costo, todo mientras coordinas las renovaciones, agentes, abogados, etc.

En el mejor de los casos, si no estás involucrado íntimamente en cada etapa de la operación, entonces te estás exponiendo a todo tipo de riesgos nuevos. En el peor de los casos, te estás preparando para ser estafado. Recuerda, antes de que puedas cobrar un día de pago, hay tantas manos en tus bolsillos, como abogados, agentes fiscales, contratistas, etc. Entonces, si no estás revisando, documentando y administrando cuidadosamente todo lo que está sucediendo, te encontrarás sacando nada más que pelusa de tus bolsillos cuando termine el día.

Si estás empleando un asesor de inversión profesional, también asegúrate de contratarlos *antes* de hacer una oferta por tu primera casa. Para obtener el valor del dinero de su servicio, deseas su consejo sobre cómo evitar cometer errores en primer lugar, no cómo limpiar el desorden.

Puede parecer una pequeña nota, pero los agentes y asesores deben emplearse como medicina preventiva y no como solucionadores de problemas después de que hayas tenido un problema. Después de todo, el viejo dicho "una onza de prevención vale una libra de cura" adquiere un nuevo nivel de significado cuando tienes cientos de miles de tus propios dólares en juego.

Naturalmente, un grandioso agente puede aliviar gran parte de esta presión de micro gestión, pero aun así no puede delegar todo. Además, los agentes profesionales verdaderamente confiables con una larga lista de referencias no son baratos.

2) El sector inmobiliario es la definición misma de una inversión de alto riesgo.

Con los márgenes tan ajustados y tantos problemas potenciales que podrían surgir, muchos de los cuales están fuera de tu control, hay muy poco margen de error en este negocio. Nuevamente, cubriré los detalles de lo que se debe y no se debe hacer en la Parte 2, pero es crucial que los inversores comprendan completamente los riesgos involucrados a nivel visceral y entiendan por qué la gestión despiadada del riesgo es lo que separa a los profesionales de la bancarrota.

Los mayores riesgos provienen de:

- Sobreestimar la cantidad de plusvalía en una posición.

- Sobreestimar el valor de la propiedad.

- No lograr estimar de manera realista tus costos totales a lo largo del tiempo.

- Sobrerenovar propiedades.

Si bien a menudo las guías de inversión en bienes raíces lo pasan por alto, el mayor riesgo es no saber cuánta plusvalía hay en una propiedad incluso antes de comprarla. Si lo sabes y solo te adhieres a propiedades con generosos cojines de plusvalía, incluso si cometes un error en otro lugar, aún saldrás de cada trato con una ganancia. Ese es el secreto de mi éxito.

Tal vez el valor de la casa se apreciará más tarde, tal vez no. No importa de ninguna manera porque no estamos en el negocio de especular sobre los precios. Si eso es lo que te emociona, entonces debes poner tu dinero en el mercado de valores. Sin embargo, como inversionista profesional de bienes raíces, tu negocio es buscar plusvalía oculta antes de que una propiedad llegue al mercado y crear un nuevo valor a través de renovaciones inteligentes y liquidación de deudas a bajo costo. No hacemos apuestas sobre el futuro y esperamos lo mejor. Compramos propiedades que pueden generar ganancias instantáneas ahora y apostamos a que podemos generar más ganancias más adelante, pero incluso si nos equivocamos, existe un colchón generoso de riqueza existente para limitar nuestro riesgo.

Me ocuparé de los detalles específicos para rastrear los descuentos fuera del mercado más adelante, pero los revendedores profesionales nunca harán una oferta a menos que ya haya un cómodo diferencial de plusvalía al valor de mercado actual. Incluso entonces quieren ver oportunidades adicionales para agregar aún más valor antes de priorizar este proyecto por encima de los demás. Entonces, si estás equivocado sobre cualquier aspecto del proceso de evaluación de plusvalía, entonces estás muerto en el agua desde el primer momento. Cualquier otra cosa que hagas más tarde solo puede limitar tus pérdidas, pero es probable que nunca te retorne ganancias.

Dicho esto, conocer la plusvalía actual y la plusvalía potencial que puedes agregar no es una cuestión de conjeturas. Es una lista sencilla de elementos de debida diligencia que verificar, con solo un pequeño margen de error potencial. Probablemente hayas escuchado todas las advertencias de diferentes "gurús" que dicen que nunca estarás completamente seguro de lo que vale una propiedad...pero eso solo muestra cuán poco entienden realmente los detalles de revender propiedades residenciales. En los últimos nueve años, he vendido el 95% de mis más de 300 reventas exactamente al precio que originalmente estimé que podría moverlas. Esto no tiene nada que ver con la suerte, ni tengo algún "sistema" mágico o fórmula secreta.

Es todo un juego de números, y solo hago mi tarea. De acuerdo, mi nicho es estructurar tratos de maneras únicas para desbloquear el valor máximo de la carga de la deuda de la propiedad, pero eso ni siquiera sería posible sin un análisis cuidadoso para descubrir cuánto valor está oculto en el precio actual. Puedes replicar este mismo éxito siguiendo los principios directos que expongo en esta guía, y luego ampliar las cosas buscando la tutoría adecuada.

Esta es la razón por la que un excelente asesor de inversiones —por decir uno excelente que ha estado en las trincheras y ha revendido las casas y no solo leyó sobre el proceso— refrenará tu entusiasmo en las etapas de planificación y asegurará que tengas mucho margen de maniobra en cada fase del proceso. Especialmente asegurándose de limitar tu apalancamiento financiero, incluye un margen de error realista en tu valoración, precios de venta y estimaciones de renovación y, sobre todo, crea una estrategia de salida flexible para garantizar que puedas salir con ganancias incluso si todo se vuelve en tu contra. En resumen, gestión realista del riesgo.

3) Las propiedades inmobiliarias requieren mucho más que efectivo a mano y una actitud de "ir a obtener".

Enfrentémonos a la dura realidad: no vas a descubrir grandes candidatos para la inversión navegando por el Servicio de Listado Múltiple (servicio de registro de propiedades) o los listados de En Venta por Propietario en Zillow. El mercado es demasiado eficiente ante cualquier oportunidad lucrativa de "arbitraje" para permanecer disponible para el público en general por mucho tiempo. Entonces, si encuentras una oferta que parece demasiado buena para ser verdad, lo más probable es que te estás perdiendo una desagradable sorpresa. Por lo general, en forma de un gravamen difícil de encontrar en la propiedad o un problema estructural/del sitio que una inspección de casa típica no descubriría.

Incluso si hay un gran desajuste entre el precio de venta y el valor de mercado, sin ningún problema oculto, los grandes jugadores, incluido el propio Zillow en algunos mercados atractivos, recogerá estas ofertas más rápido de lo que tú puedes. Incluso si eres rápido, te encontrarás en una desagradable guerra de ofertas contra competidores con amplias reservas de efectivo. Claro, tal vez puedas tener suerte, sucede ocasionalmente, pero esperar tener suerte no es una estrategia de inversión, eso es lo que hacen los apostadores. Entonces, si sueñas con simplemente buscar en Internet casas baratas en vecindarios caros y esperas ganar el premio gordo, entonces es mejor que te mantengas alejado del juego inmobiliario. Simplemente toma tu efectivo y dirígete a un casino. Te divertirás más de esa manera...y probablemente perderás menos dinero.

Sin embargo, si te tomas en serio la construcción de un imperio inmobiliario y quieres minimizar el riesgo mientras maximizas la recompensa, entonces necesitas concentrarte. Especialmente si sigues todos los pasos de minería de datos que resumiré en breve, te sentirás abrumado por todas las oportunidades y te dispersarás demasiado rápido. Al igual que con cualquier negocio, debes concentrar tus esfuerzos en algún nicho para construir una ventaja competitiva. Ahora este nicho es mucho más fácil de crear de lo que parece. No significa ser el mejor en todo, sino solo encontrar una cosa que puedas hacer mejor que el promedio o al menos lo que más te interesa, y luego verter tu energía en dominar ese campo.

Lo primero que debe hacer un asesor de inversiones profesional es averiguar su "nicho" o ventaja. Hay innumerables nichos que podrías crear, pero todos giran en torno a mantener algún tipo de ventaja de datos. En otras palabras, tener alguna información o visión única en una porción del mercado que no es de conocimiento común. Veremos en detalle cómo encontrar y perfeccionar tu ventaja en la Parte 2, pero la clave ahora es darte cuenta de lo increíblemente competitiva que es esta industria. Si no tienes una ventaja, no tienes un plan de negocios. Y si planeas tener suerte, planeas fracasar.

La plusvalía es la cosa de Invertir 101, entonces ¿por qué no me callaría al respecto?

Me doy cuenta de que acabamos de comenzar y que probablemente ya he usado el término plusvalía cientos de veces. Estoy apuntando a mil antes de que terminemos.

La plusvalía es mucho más que una simple estadística, la diferencia entre el valor de mercado de una inversión y el precio por el que la compraste. La plusvalía es el principio y el final de nuestro proceso de toma de decisiones y gestión de riesgos. Una vez más, es posible que lo entiendas intelectualmente, pero es crucial que comprendas este concepto en un nivel instintivo para garantizar tu éxito en cualquier tipo de condiciones de mercado.

Plusvalía versus Ganancia: Por qué necesitas una nueva línea base.

El inversor inmobiliario típico coloca la ganancia ante todo en todas las decisiones de inversión. Tal vez están calculando la tasa de retorno de la inversión (ROI) o el efectivo en el retorno de efectivo u otra cosa, pero todo vuelve a la cuestión de fondo: "¿Cuánto puedo ganar en este trato frente a otro?" El riesgo se evalúa por separado y a menudo subjetivamente, con el objetivo de encontrar un equilibrio óptimo entre riesgo y recompensa.

Y esta lógica parece tener sentido. Después de todo, las ganancias son el objetivo final, así que, si alguna vez quitamos los ojos del premio, ¿no estamos simplemente preparándonos para el fracaso? La única forma de maximizar las ganancias es maximizar la tasa de rendimiento de cada dólar que gastamos, ¿verdad?

Esa mentalidad está bien para que un CEO elija dónde asignar el capital operativo en el futuro, pero es engañosa para un inversionista que está tratando de decidir qué propiedad con descuento es el "mejor" trato para invertir dinero. Enfocarse en las ganancias ignora la sutileza de lo que estás comprando al invertir en bienes raíces.

Estamos comprando intereses de plusvalía en una posición. Estamos comprando un concepto legal abstracto, con el objetivo de vender esa participación en el mercado abierto y convertirla en efectivo real. Tal vez esto significa que realmente tomaremos el título de la propiedad; a veces solo necesitamos un interés parcial (más sobre esto en la Fase 2).

En cualquier caso, la cantidad de plusvalía que nos sobra después de los gastos de entrar y salir de la posición es lo único que importa. Algún nivel de ganancias siempre fluirá desde una posición de alta plusvalía, pase lo que pase porque:

- Cuanta más plusvalía tengas, más rápido podrás vender y acelerar la rotación del inventario. ¿Preferirías obtener el 100% de ganancias de un trato al año, o 10-20% en cada uno de 10 tratos? Los rendimientos compuestos funcionan como el interés compuesto aquí.

- Si estás alquilando, más plusvalía te da más apalancamiento para negociar pagos de deuda más bajos, lo que aumenta tus ingresos, o al menos más capital que puedes obtener de una línea de crédito sobre tus activos para financiar nuevos tratos.

- Más plusvalía te brinda un colchón financiero en caso de problemas. Deja que el mercado haga lo que haga, porque tienes el margen de maniobra para obtener ganancias.

Entonces, en la práctica, si hacemos un gran trabajo investigando la propiedad y llevándola al mercado, crearemos aún más ganancias de lo que estimamos en plusvalía, debido a la rápida rotación del inventario o los menores costos de tenencia al alquilar.

Solo si hacemos un buen trabajo, plusvalía y ganancia serán sinónimos. A lo sumo diferirán en algunos puntos porcentuales.

Sin embargo, si cometemos un error o el mercado arroja una bola curva al azar, entonces, cuanta más plusvalía tengamos, más seguros estaremos. Justo como un airbag. Nunca planeas necesitarlo, pero ¿comprarías un automóvil que no tuviera uno? E igual de importante para el análisis de riesgos, podemos usar la plusvalía para cuantificar el diferencial de riesgo entre dos tratos alternativos en lugar de solo adivinar.

Por ejemplo, supongamos que solo tenemos los fondos para un trato, pero tenemos dos buenos potenciales para elegir. Supón que ambas propiedades son idénticas y están ubicadas en la misma cuadra.

> Opción A: Inversión de $80,000, incluidos los costos de adquisición, rehabilitación, tenencia y cierre. Plusvalía estimada después de revender con un título claro: $70,000.

> Opción B: Inversión de $40,000, incluidos los costos de adquisición, rehabilitación, tenencia y cierre. Plusvalía estimada después de revender con un título claro: $40,000.

Un análisis orientado a las ganancias elegiría la opción B debido a su rendimiento del 100% sobre la opción A frente al rendimiento del 88% allí. El análisis de riesgo suplementario incluso concluiría que la opción B es un movimiento más seguro, ya que solo la mitad del capital está en riesgo.

Un enfoque basado en la plusvalía elegiría la opción A por varias razones clave completamente ignoradas por el análisis de ganancias:

1) La mayor reserva de plusvalía reduce el riesgo, ya que, si lo necesitamos, podemos absorber gastos inesperados o aceptar un precio de venta más bajo y aun así obtener una ganancia cómoda. El margen de seguridad con la Opción B es solo un 57% más grande, por lo que es una inversión mucho más riesgosa a pesar de que vincula menos capital.

2) Al llegar a un trato con el prestamista hipotecario u otros tenedores de deuda, la primera opción le brinda más margen de negociación y mejores retornos. Por ejemplo, para cada trato, resolviste un acuerdo de pago en pre-ejecución con el propietario de la hipoteca original que reduce el 10% del monto adeudado. Tú generas $7,000 adicionales en plusvalía del primer trato, pero solo $4,000 del segundo.

3) Velocidad de rotación de inventario. Dado que tienes tanta plusvalía, puedes aceptar una oferta rápida, pero de menor precio. Esto te permite reducir los costos de mantenimiento y completar más tratos durante todo el año, por lo tanto, con rendimientos compuestos. Por ejemplo, supongamos que aceptas una oferta baja

que eliminó el 20% de tu plusvalía, pero te permitió cerrar en solo 2-3 meses en lugar de los seis meses que planificaste. Por lo tanto, pierdes $14,000 en ganancias potenciales, o probablemente $10,000 debido a tus costos de tenencia y costos de cierre más bajos...pero ahora tienes tiempo y efectivo gratis para realizar los tratos de la opción A y la B en lugar de solo uno, lo que aumenta aún más tus ganancias que los $10,000 que "dejaste en la mesa".

La plusvalía es cómo evitamos especular

La demanda de propiedades en un lugar en particular o la probabilidad de que los valores locales de las viviendas aumenten son factores realmente secundarios. Sí, intercambiaremos información con agentes locales, pero eso es solo para actualizar con mayor precisión nuestra plusvalía estimada. Por ejemplo, refinar nuestro precio objetivo y estimar mejor nuestros costos de mantenimiento al ver cuánto tiempo llevará mover la propiedad. La forma más segura de "especular" en el futuro es comprar solo propiedades que puedas vender inmediatamente con ganancias, con un mínimo de costos de puesta en escena. Y no solo un poco en la oscuridad, sino lo suficientemente profundo como para protegerte de las sorpresas.

A diferencia de todas estas suposiciones especulativas sobre lo que sucederá o no sucederá en tu mercado local en el futuro, podemos cuantificar el patrimonio utilizando datos actuales con un alto grado de precisión. Tal vez todos tus sueños se hagan realidad y la propiedad se disparará en valor como esperas, pero esa no es una forma segura y sostenible de tomar decisiones de inversión. En el mejor de los casos, este es un nicho extremadamente avanzado que requiere algún tipo de conocimiento interno. En el peor de los casos, es poco más que juegos de azar.

Los métodos específicos que usaremos pueden complicarse, pero el proceso general de decisión de inversión es simple. Ten en cuenta que cada paso de inversión en bienes raíces se centra en plusvalía.

1) Haces scrape al valor de mercado en línea y la carga de deuda de tantas propiedades fuera del mercado (de subastas y pre-

ejecuciones hipotecarias) de manera que podamos luego calcular la plusvalía disponible en cada posición.

2) Filtras el conjunto de datos eliminando una variedad de factores de riesgo que podrían afectar la estimación de plusvalía.

3) Haces ofertas solo a aquellas propiedades con mayor plusvalía.

4) Refinas tu estimación de plusvalía con inspecciones in situ y otra debida diligencia antes del cierre.

5) Aumentas la plusvalía llevando la propiedad al mercado u obtén inquilinos de la manera más rápida y económica posible mientras negocias para acuerdos más bajos de los tenedores de deuda.

6) Enjuagas y repites tantas veces como puedas durante todo el año, acumulando la mayor cantidad de tus ganancias que puedas permitirte en el negocio para ahorrar en impuestos y rendimientos compuestos...generando así más plusvalía en tu propia compañía.

La plusvalía es la gestión de riesgos cuantificada

Sé que he hablado de un gran juego sobre "nunca ser sorprendido", pero seamos sinceros, eventualmente serás sorprendido. ¡Nadie es perfecto! Todos cometemos errores, y eso es antes de que el mundo te arroje bolas curvas al azar. Puedes apilar el mazo a tu favor para que las probabilidades de obtener ganancias en cualquier trato sean del 99%...pero ese 1% te alcanzará en algún momento. Por lo general, en el peor momento posible.

La única forma de acercarte a garantizar el éxito, incluso en el peor de los casos, es trabajar solo con tratos que tengan un exceso de plusvalía para empezar.

Algunos ejemplos:

Invertí $80,000 en mi precio de compra inicial, más rehabilitación y puesta en escena en una pre-ejecución hipotecaria en una sosa subdivisión clónica. Si me sobrarán $50,000 en plusvalía después del cierre y los costos de pago del prestamista, no voy a objetar si recibo una oferta que es $20,000 menos que mi precio inicial el mismo mes en que listé por primera vez la propiedad.

Probablemente tomaré la ganancia de $30,000, sabiendo que ahora puedo revender dos inversiones de alta plusvalía en el marco de tiempo que planeé solo para una y aumentar mis ganancias mucho más que los $20,000 que podría dejar sobre la mesa. O puedo esperar un poco más por un mejor precio, sabiendo que aún puedo salir del acuerdo rápidamente con un retorno sobre la inversión decente en cualquier momento.

Sin embargo, supongamos que elegí invertir un poco menos en un trato de baja plusvalía porque tenía la sensación de que, por cualquier motivo, los precios de las viviendas iban a saltar en un determinado vecindario. En un mes, no ha cambiado mucho en el mercado, pero recibí la misma oferta a $20,000 menos de lo que pedí. Después de sumar mi plusvalía restante, veo que solo alcanzaré el punto de equilibrio u obtendré un rendimiento insignificante. Así que ignoro la oferta y espero más.

Ahora ya no soy un inversor. Soy un especulador.

Esa no es una pequeña diferencia semántica, sino un juego de pelota completamente nuevo. Estoy aceptando un nuevo nivel de riesgo enorme, por lo que necesito una recompensa mayor para justificarlo, lo que significa que necesito tomar más riesgos para ver esa recompensa y así sucesivamente en un círculo tambaleante. Tal vez todo funciona como lo planeé y hago una venta asesina. Duplicando o triplicando lo que podría haber hecho en el primer escenario. Tal vez una de las millones de cosas que están fuera de mi control evita que mi plan se realice en un plazo razonable, por lo que termino vendiendo con pérdidas solo para limitar el daño a medida que se acumulan mis costos de tenencia.

De cualquier manera, ningún plan respetable de gestión de riesgos tiene tantos "quizás" en él. La única forma de protegerse es apegarse a las inversiones "poco atractivas" pero de mayor plusvalía, incluso si esos rendimientos se miden en el humilde rango de 20-30% en lugar del elevado nivel de nube de 200-300%.

La plusvalía abre infinitas oportunidades, incluso en mercados supuestamente superpoblados.

Una de las muchas cosas hermosas de centrarse en la plusvalía por encima de todo es que las oportunidades de obtener ganancias siempre están ahí para ser tomadas. No tienes que leer las hojas de té y determinar si el mercado inmobiliario local va a explotar o caer pronto, y mucho menos preocuparte por las tasas de interés que suben o bajan. Todas las noches, recibo las noticias principales que necesito de los números que mis rastreadores web están obteniendo de los sitiosdel secretario de la corte y del tasador de propiedades.

Si la economía local es saludable y tú estás en el mercado de un vendedor, el aumento del valor de la vivienda te dará automáticamente más plusvalía en una inversión, incluso si tus costos de adquisición están subiendo. Si estás en un colapso inmobiliario, con el valor de la vivienda cayendo rápidamente, entonces ese es un mercado de compra aún mejor con tantos vendedores angustiados listos para transferir el título por casi nada. Sin mencionar a los prestamistas dispuestos a negociar pagos por centavos por dólar. Con tan poca inversión de tu parte, puedes negociar una gran venta al descubierto/capital de amortización corto con el banco o revender rápidamente a compradores mayoristas o minoristas. O simplemente encuentra un inquilino mientras te enfrentas a la crisis.

¿Y en la rara posibilidad de que el mercado permanezca neutral, ni como el mercado de un comprador ni el de un vendedor? Entonces tendrás la tranquilidad de que tus estimaciones de plusvalía y valor de la vivienda serán aún más exactos. Deja que el mercado suba, baje o se desplace: los inversores obsesionados con la plusvalía siempre saldrán adelante.

A partir de este escrito (2018), el mercado inmobiliario estadounidense está en auge. Las ejecuciones hipotecarias están cerca de mínimos históricos, con solo 1 de cada 2,500 unidades de vivienda en los EE.UU. que ingresan al proceso de ejecución hipotecaria cada mes.[2] Al mismo tiempo, parece que absolutamente

---

[2] RealtyTrac. (Noviembre del 2018). U.S. Real Estate Trends & Market Info

todos están colgando un cartel de "Compramos casas como están, rápido y en efectivo". A primera vista, parece que no es el momento adecuado para sumergirse en el mercado, pero nunca ha sido un mejor momento si sigues el plan de juego previo a la ejecución hipotecaria y la búsqueda de plusvalía que establezco aquí.

Incluso en estos tiempos supuestamente "sombríos", abundan las oportunidades para aquellos que llevan su investigación un paso más allá y no esperan que lleguen los juicios oficiales de ejecución hipotecaria antes de comenzar una campaña de correo directo. A pesar de la economía saludable, el 3% de todas las hipotecas residenciales unifamiliares están en incumplimiento por más de 30 días.[3] Puede que no parezca mucho, pero aquí hay millones de las propiedades más populares y más fáciles de vender en pre-ejecución hipotecaria en este momento. Mucho antes de que la mayoría de los inversores y agentes hayan oído hablar de ellas. Ni siquiera puedo comenzar a calcular cuántas decenas de miles de millones de dólares en plusvalía se quedan para tomar. Estamos hablando de los niveles de riqueza de Warren Buffett esperándote para que los guardes antes de que toda la plusvalía sea eliminada por honorarios de abogados, intereses y ventas de subastas.

Mientras más plusvalía tengas, más fácil será revelar aún más.

Tocamos esto antes, pero vale la pena repetirlo. Hay muchas maneras de exprimir plusvalía adicional a través de simples maniobras legales también, especialmente si deseas conservar la propiedad a largo plazo como una inversión de alquiler. Ahora, este es tu propio nicho, por lo que realmente no tenemos el espacio aquí, pero cubro los trucos más lucrativos en mi curso taller en línea.

---

https://www.realtytrac.com/statsandtrends/foreclosuretrends/
[3] Board of Governors of the Federal Reserve System (U.S.), Delinquency Rate on Single-Family Residential Mortgages, Booked in Domestic Offices, All Commercial Banks [DRSFRMACBS], recuperado de FRED, Federal Reserve Bank of St. Louis;
https://fred.stlouisfed.org/series/DRSFRMACBS Diciembre 12, 2018.

El punto clave a recordar es que antes de que las cosas alcancen el nivel de Lis Pendens, puedes apostar a que el pagaré hipotecario original se ha revendido muchas veces y ha pasado por varios administradores hipotecarios diferentes. Cada vez que esto sucede, existe una alta probabilidad de algún error administrativo que pueda socavar el interés del prestamista hipotecario en la corte. O incluso causar violaciones directas de varias leyes de protección al consumidor. No quiero decir nombres, pero si sigues las noticias, entonces puedes ver cómo esto es más cierto con ciertos prestamistas de alto perfil que tienen, digamos, un historial a cuadros con proteger a sus clientes.

Y eso es solo la punta del iceberg, ya que los bancos y las cooperativas de crédito solo emiten el 49% de todas las hipotecas residenciales. El otro 51% de las hipotecas se origina con prestamistas no bancarios.[4] Empresas en línea, otros inversores, financiación de vendedores, etc. Estos prestamistas tienden a ser mucho más flexibles y susceptibles a una variedad de ofertas de liquidación.

Incluso si se trata de un monolito burocrático indiferente que ni siquiera responderá tus llamadas, nunca estarás completamente sin opciones para llevarlos a la mesa de negociaciones. Para un ejemplo simplificado, cada vez que la hipoteca se vende en el mercado secundario, el propietario debe ser notificado por escrito dentro de un plazo determinado. ¿Puede el administrador hipotecario actual proporcionar documentación que demuestre que cada propietario de deuda en la cadena notificó adecuadamente al propietario a tiempo? Porquesi no, hay una multa de $2,000 por cada violación de los derechos legales del propietario. Dado que la hipoteca original ha cambiado de manos 10 veces, quizás una contrademanda por $20,000 podría llegar al fondo de las cosas...a menos que el titular de la hipoteca actual esté dispuesto a liquidar perdonando $5,000 del monto adeudado.

---

[4] Mortgage Daily. 2018. "Mortgage Daily 2017 Biggest Lender Ranking" [Press Release] recuperado de https://globenewswire.com/news-release/2018/03/26/1453033/0/en/Mortgage-Daily-2017-Biggest-Lender-Ranking.html.

Y allí sacaste plusvalía extra de la nada. Para un abogado experto, hay cientos de otros ejemplos. A pesar de todo su dinero, estas corporaciones multimillonarias tienen solo un puñado de abogados que procesan miles de incumplimientos a la vez, mientras tú te concentras en un solo caso a la vez. Te da una gran ventaja sobre los "perros grandes". Este tipo de maniobras legales es mi pasión y una gran fuente de ingresos, pero también debes consultar con un abogado especializado en litigios de ejecución hipotecaria para ver todas las opciones disponibles para ti.

Pero no tengo capital y apenas puedo pagar mi propio alquiler. ¿Cómo puedo construir un cofre de guerra para jugar con los Chicos Grandes?

No tenemos el espacio aquí para una exploración en profundidad de todas las innumerables formas en que puedes recaudar capital para esta empresa. En realidad, el financiamiento privado de plusvalía y capital de riesgo es su propio nicho ultra especializado, pero aquí hay una descripción general de las formas directas en que cualquiera puede recaudar fondos para tu nueva startup además de solo ahorrar tu efectivo.

Asociaciones

Este clásico acuerdo de financiación de plusvalía es increíblemente flexible. Siempre que sea posible, intenta asociarte con alguien que traiga habilidades de capital y competencia central al negocio, como tuve la suerte de hacer. Sin embargo, eso no es estrictamente necesario. Muy a menudo, las empresas inmobiliarias consisten en una red de socios "silenciosos" que proporcionan capital inicial, con un solo socio gerente que maneja todas las inversiones. Incluso puedes establecer una corporación para inversores ocasionales que desean una parte de las ganancias, pero quieren limitar su responsabilidad.

Sin embargo, no importa cómo organices el negocio, la clave es no tomar decisiones por comité. Siempre mantén a tus socios informados, por supuesto. Busca su consejo y realmente escúchalos, pero al final del día una sola persona debe ser responsable de "apretar el gatillo" sobre cuándo entrar o salir de una posición y a qué precio. Si una persona no tiene autoridad para adaptarse a las circunstancias que cambian rápidamente o negociar con los propietarios en el acto, está renunciando a su flexibilidad y estará en desventaja en comparación con los inversores en efectivo individuales más ágiles.

Inversión extranjera

Esto no es tan complicado como podrías pensar. No tienes que buscar a los inversores tú mismo. En este escenario, generalmente estás trabajando con una empresa de gestión de patrimonio de terceros, una oficina familiar o un centro de desarrollo regional. Traerán el dinero extranjero; tu tarea es solo demostrar que puedes darle un buen uso.

Esta es una fuente de financiación especialmente lucrativa si estás operando en un área rural o urbana de bajos ingresos. El Programa de Inversionistas Inmigrantes EB-5 del gobierno de los EE.UU. ofrece green-cards para extranjeros ricos, disculpe, "Individuos de alto patrimonio neto", que están dispuestos a invertir al menos $500,000 en uno de los 900 centros de desarrollo regional en los EE.UU. El programa tiene una gran demanda, generalmente con más proyectos de búsqueda de dinero que oportunidades disponibles en un momento dado.

Vale la pena visitar el sitio USCIS.gov para obtener una lista actualizada de los centros regionales con los que puedes contactarte y presentar tus servicios.

Financiamiento

Si realmente necesitas recaudar fondos a través del financiamiento de deuda, hazlo antes de comprar tu primera inversión. Aprovecha tus activos personales, como un segundo préstamo hipotecario, un préstamo 401,000, maximizar las líneas de crédito, etc. para acumular tu capital inicial. En mis primeros días en este negocio, incluso maximicé el efectivo disponible de mis tarjetas de crédito. Definitivamente no lo recomendaría, pero aun así es mejor y más seguro que solicitar una hipoteca para invertir en propiedades en el mercado.

A medida que construyes tu negocio, puedes aprovechar tus propiedades de alquiler a largo plazo para que la nueva financiación se amplíe rápidamente, pero nunca solicites una hipoteca para comprar una propiedad. Incluso si puedes encontrar un prestamista dispuesto a financiar una inversión a corto plazo a una tasa razonable, estás desperdiciando todas las ventajas de flexibilidad y velocidad que acompañan al efectivo.

Crecimiento escalado

El punto más arriesgado en el sector inmobiliario es cuando un inversor ha tenido tanto éxito que tiene demasiado capital para invertir. Si solo tienes $100,000 disponibles, es bastante fácil clasificar todas las oportunidades en tu comunidad y buscar las dos o tres mejores ofertas. Cuando tengas $10 millones o más en activos bajo tu administración, hundirás el mercado local y tendrás que hacer scraping en el fondo del cubo de plusvalía para encontrar un trabajo para tu efectivo. Así que, naturalmente, estas grandes empresas tienen que expandirse mucho más allá de su zona de confort para aprovechar ese dinero. Bueno, tus inversores en Nueva York o San Francisco se rieron en ese momento, ya que probablemente gasten más que eso simplemente en cambiar de lugar de estacionamiento, pero para la mayoría de las compañías de bienes raíces, esto es un problema. Necesitan socios locales.

Lo que abre una dulce oportunidad para nosotros, los cazadores de plusvalía, para lanzarnos y agregar valor para todos. A medida que revisas tus datos de web scraping, notarás que un montón de empresas de plusvalía privadas fuera del estado se queman en acuerdos locales. No tienes nada que perder al contactarlos y presentarte. Prueba los números de sus malas inversiones como si fueran uno de los tuyos y comparte los resultados.

Muéstrales dónde calcularon mal la plusvalía o cualquier otra forma en que podrían haberse beneficiado. Puedes comenzar poco a poco, actuando como un asesor de inversión local basado en comisiones. Sin embargo, después de algunos tratos exitosos, no aceptes su oferta de trabajar para ellos a tiempo completo. En cambio, ofréceles una inversión en la planta baja en tu último fondo. Las oportunidades son infinitas.

Cómo construir un equipo y un negocio que dominen el mercado con un presupuesto.

No importa lo que hayas visto en la televisión, ninguna operación exitosa de reventa de casas es una operación familiar. Al menos no por mucho tiempo. Puede comenzar así, pero el éxito duradero proviene de la construcción de tu propia infraestructura para que no tengas que depender de terceros y puedas ampliar tu negocio.

Una reventa exitosa requiere más que solo habilidad para encontrar casas con descuento e identificar valor. Es un negocio intrincado y complejo que requiere toda una red legal, de construcción, financiera y de asesoramiento para funcionar. Más especialmente cuando deseas ampliar y ganar dinero real revendiendo varias propiedades a la vez. Necesitas un sistema bien engrasado para no solo reducir tus costos operativos, sino también evitar que todas estas partes móviles se salgan de control.

Por ejemplo, en mi equipo, tenemos una red de inversores para proporcionar todo el efectivo necesario para que no tengamos que esposarnos a los prestamistas financieros. Tenemos abogados internos para abordar todas las cuestiones legales y de títulos, un equipo de investigación dedicado para manejar el trabajo duro de la minería de datos y nuestros propios agentes inmobiliarios para poner en escena y vender las propiedades. Por último, pero definitivamente no menos importante, nos asociamos con un contratista con licencia exclusiva en cada mercado. Eso garantiza que siempre trabajemos con los mismos profesionales en cada casa, y el éxito financiero a largo plazo del contratista está vinculado al nuestro. Un ganar-ganar para todos.

Todo esto nos brinda el máximo control y flexibilidad en cada trato, al tiempo que mantiene los costos muy por debajo de lo que la mayoría de los inversores inmobiliarios tienen.

Pero, no siempre fue así. Entiendo lo desalentador que es construir una operación así desde cero...porque he estado allí. Pero a diferencia de Max y yo, si aplicas las lecciones de este libro, puedes omitir la mayoría de los dolores de crecimiento y comenzar en la tercera base.

Ya sea que seas una startup de bienes raíces o que estés buscando escalar, el equipo con el que estás trabajando lo hará o no. Es por eso que los equipos de inversión más efectivos y duraderos son las asociaciones, donde cada socio aporta un conjunto de habilidades único que cubre parte de la práctica de inversión para que la menor cantidad posible se externalice a los freelancers.

Incluso si no puedes encontrar socios confiables, hay varios pasos que puedes seguir para construir un equipo que le dará incluso al jugador más pequeño una ventaja sobre las empresas de inversión más grandes en el negocio.

Conocimiento

El primer elemento para invertir eres tú mismo. Los socios, abogados, software de análisis, web crawlers y asistentes virtuales son cruciales para ahorrar tiempo, evitar errores y ampliar tu negocio, pero no son un sustituto para que domines todos los detalles tú mismo.

Este libro es obviamente un grandioso comienzo, pero ninguna guía única puede cubrir todo. Ya sea que lleves tu educación al siguiente nivel al sumergirse en mi taller y videos en línea o no, debes invertir mucho tiempo y dinero buscando asesoramiento profesional. No digo que no arriesgues dinero hasta que seas un experto en todos los aspectos de este negocio, ya que obviamente eso no sucederá hasta que aprietes el gatillo y te sumerjas en el mercado. Estoy diciendo que asegúrate de seguir estudiando todos los días, acumulando un valioso almacén de conocimiento que eventualmente se convertirá en ganancias del mundo real.

La riqueza y la salud van y vienen, pero el conocimiento interno es una máquina perpetua que genera poder y éxito. En cualquier industria, un hombre o una mujer que sabe algo que otros no puede crear valor de la nada simplemente poniendo su información a disposición. Incluso si están en quiebra financiera y físicamente débiles, seguirán dominando su campo en poco tiempo.

Dicho esto, desarrollar la confianza en ti mismo y la base de conocimiento es igual de importante. A medida que vayas leyendo este libro, "comercia en papel" usando los pasos provistos en propiedades reales para practicar tus nuevas habilidades. Ese es un paso crucial que damos en los videos del taller y puedes reproducirlos gratis en casa.

Por ejemplo, no solo tomes mi palabra sobre cómo establecer un precio de venta realista o una estimación. Elige una propiedad aleatoria en tu país de origen que se subastará y completa las hojas de cálculo y las listas de verificación. Trabaja los números tú mismo y vigila la propiedad. Mira a qué precio cotizan los nuevos propietarios y dónde se vendió realmente. Llama al agente o inversionista y mira si están dispuestos a responder algunas preguntas. Te sorprenderá lo que puedes aprender y la confianza que encontrarás en tus propias habilidades con una conversación amigable. A todo el mundo le gusta alardear, y seamos honestos, ¡los humildes no suelen dedicarse a la inversión inmobiliaria!

Servicios de datos y asistentes

No importa en qué nicho te centres, los datos son tu arma secreta. Cuanto más sepas sobre una propiedad, su historial legal y las partes que actualmente tienen intereses, mejor podrás estimar el patrimonio, administrar el riesgo y crear un nuevo valor sin invertir más dinero. No hay tal cosa como trivia en este negocio. Tal vez no todo sea igual de importante, pero te sorprenderá la gran imagen que puedes juntar con todas estas cositas antes de que nadie más lo haga.

La desventaja obvia es que este proceso pronto se vuelve demasiado para que cualquiera pueda manejarlo por sí mismo. Afortunadamente, estamos en el siglo XXI y nunca ha sido tan fácil para una operación de "mamá y papá" construir un "back-end" administrativo sofisticado, eficiente y escalable. Y hacerlo sin romper el presupuesto.

Más adelante te mostraré dónde entran en juego todos estos servicios, cómo usarlos y algunos proveedores recomendados. En este momento debes comprender que los siguientes artículos no son lujos, sino herramientas básicas del oficio. Un inversor inmobiliario moderno que no invierta al menos unos cientos de dólares en estos recursos mínimos está tan listo para el éxito como un carpintero que se presenta a trabajar sin un martillo.

- Un asistente administrativo principal confiable para información confidencial. Idealmente, este es un empleado interno, pero puedes encontrar freelancers confiables en línea al principio si es necesario.
- Un equipo de asistentes virtuales en línea para minería de datos y atención al cliente.
- Suscripciones a firmas de web scraping o contratar a un programador independiente para diseñar y ejecutar el tuyo.
- Suscripción a rastreo de evasores para generación de clientes potenciales.

Webscraping

Incluso en una economía saludable, un área metropolitana de tamaño medio tendrá cientos, si no miles de Lis Pendens y notificaciones de incumplimiento archivadas en los registros públicos cada mes. Simplemente no hay forma de que puedas buscar y filtrar manualmente todos estos datos para oportunidades de plusvalía y clientes potenciales por tu cuenta. Afortunadamente, nunca ha sido más fácil o más barato contratar un servicio de automatización de terceros que "raspará" el sitio web de cada condado para obtener la información que necesitas y que te la envíen en el formato que desees. Luego sigue haciéndolo todos los días.

No puedo enfatizar lo importante que es este paso para el éxito en este negocio. Independientemente de tus otras habilidades, la "fórmula" para garantizar ganancias en cualquier mercado se reduce a encontrar tratos y generar clientes potenciales antes que los demás. El webscraping es la opción más rápida y económica para encontrar diamantes en la escoria. Esto puede parecer un paso dudoso o excesivamente complicado cuando recién estás comenzando, pero déjame aclarar algunos de los mitos comunes:

- El webscraping es 100% legal en este contexto. Simplemente estamos automatizando la búsqueda de registros ya públicos y no estamos violando ninguna ley de privacidad ni los términos de servicio de ningún sitio web comercial.

- No se requiere codificación con experiencia. Hay muchas soluciones estándar que puedes comprar en empresas de inteligencia empresarial, o incluso contratar a un programador independiente para diseñar tus propios scripts personalizados.

- No es complicado hacer uso de estos datos. Todo lo que debes hacer es presionar el comando "sincronizar" o "ejecutar" y esperar a que tus datos sean extraídos y soltados en una hoja de cálculo de Excel.

- Los costos son minúsculos. En comparación con todas las horas de trabajo manual que estás ahorrando, recuperarás tu inversión inicial dentro de un mes o dos.

Contratación de freelancers con mejores prácticas

Si has empleado freelancers en el pasado en sitios como Upwork.com, Freelancer.com o Guru.com, entonces probablemente entiendas el increíble valor que ofrecen estas personas. Aprovechar este vasto grupo de talentos de armas especializadas contratadas que puedes obtener en minutos para los trabajos más aleatorios llevará tu negocio a un nivel completamente nuevo. Es lo que los militares llaman un "multiplicador de fuerza".

Si eres nuevo en la contratación y administración de freelancers, tómate un tiempo para crear una cuenta gratuita en estos mercados y examina el talento. Asistentes virtuales, programadores, artistas gráficos, investigadores...las oportunidades son infinitas. Y las reglas para seleccionar y contratar trabajadores de calidad son mucho más simples que encontrar empleados de calidad. Los detalles exactos de lo que estás buscando obviamente varían según el tipo de tarea, pero si sigues estas reglas generales no puedes equivocarte:

- Haz la descripción de tu trabajo lo más detallada posible. Enumera explícitamente todas las tareas que deseas realizar, el estándar de calidad que esperas y, sobre todo, cómo se ve el resultado final. Además de ahorrar un montón de tiempo yendo y viniendo en las entrevistas y asegurándote de obtener presupuestos precisos para comparar, estas personas han trabajado con muchos clientes diferentes con problemas similares a los tuyos. Te sorprenderá con qué frecuencia estos especialistas notan algo importante en tu flujo de trabajo que pasaste por alto. O incluso una mejor manera de hacer todas las cosas juntas.

- Apégate a los freelancers que hayan ganado al menos cinco cifras en el sitio web en el que publicas un trabajo. Sí, muchos freelancers tienen un trabajo diario y hacen esto de forma independiente. Otros son trabajadores independientes a tiempo completo que encuentran a sus clientes a través de múltiples sitios web. Otros son nuevos en el trabajo de freelancer. A veces es difícil saberlo, así que, para estar seguro, quédate con las personas que han estado en un sitio web en particular el tiempo suficiente como para ganar algunos miles de dólares. Cuanto más hayan ganado en una plataforma, es menos probable que pongan en peligro su reputación allí.

- Al evaluar su historial de trabajo, las revisiones de clientes anteriores son más importantes que los elementos de la cartera. Suponiendo que realmente leas las reseñas en el perfil del freelancer y no solo la calificación de estrellas. El trabajo de 5 estrellas para una persona puede ser inferior a tus estándares. Por lo general, la mayor preocupación no es el rendimiento, sino más bien los problemas de gestión del tiempo, que notarás cuando las revisiones indiquen algo como "Buen trabajo, pero todo tomó más tiempo de lo esperado". O "Le toma una eternidad responder a mis mensajes, pero el trabajo final fue excelente".

- Evita los trabajos por hora siempre que sea posible. Cada proyecto es único, por lo que no siempre es posible, pero tendrás menos problemas si configuras cada trabajo con un precio fijo para un conjunto específico de tareas. Incluye una bonificación si también se cumplen los plazos.
- Siempre haz que cada freelancer firme un Acuerdo de No Divulgación, sin importar cuán pequeño o rápido sea el trabajo.
- No caigas en la tentación de negociar el precio, ya que, como con todo en la vida, obtienes lo que pagas. En mi experiencia, el 90% del tiempo cuando un proyecto con un freelancer no funciona es simplemente porque el contratante eligió la cotización más barata. Luego tienen que contratar un costoso freelancer de todos modos para solucionar el problema causado por el más económico. Siempre es más barato hacer las cosas bien la primera vez. Además, los costos marginales de pagar unos dólares adicionales por hora para las personas de primer nivel no son nada en comparación con el valor que recibirás por un rendimiento superior al promedio.

Y esos ahorros en costos son enormes, incluso si estás pagando tarifas premium para contratar a un freelancer de alta calidad. Estos no son empleados que pasan la mayor parte de su día de trabajo en reuniones improductivas y trabajo ocupado. Solo pagas exactamente por lo que necesitas hacer y no tienes que gastar un centavo en capacitación, incorporación, seguro médico, impuestos, etc. Tal vez el freelancer está cobrando $50 por hora facturable, pero si puede hacer en ocho horas lo que un empleado de $15/hora necesita 80 horas de oficina con horario para...bueno, es fiscalmente irresponsable no aprovechar la economía del "gig".

Por ejemplo, todas mis compañías y varios proyectos paralelos se ejecutan con un solo empleado a tiempo completo, pero aumentado por docenas de freelancers de uso especial. Por lo tanto, puedo aportar la mano de obra bruta y el amplio conjunto de talentos de una gran empresa a un solo proyecto, sin tener que mantener una gran nómina durante todo el año.

Legal

No subestimes el valor de asociarte con un gran abogado especializado en bienes raíces residenciales en *dificultades*. Si estás haciendo todo este negocio correctamente, no estás comprando nada en el mercado abierto, sino que estás comprando ofertas en subastas y buscando casas fuera del mercado antes de que lleguen a la ejecución hipotecaria (detalles en la Parte 2). Naturalmente, estas propiedades tienden a tener todo tipo de riesgos legales y de título al acecho en los vientos, como hipotecas múltiples, gravámenes mecánicos/Asociación de Propietarios/municipales u otros gravámenes, impuestos no pagados, propietarios ausentes, ocupantes ilegales, infinitum ad nauseum. Todo lo cual son minas terrestres que esperan hacer estallar tus finanzas...u oportunidades fáciles para desbloquear plusvalía adicional en una casa. Todo depende del tipo de representación legal con la que te armes antes de tener problemas.

Claro, para la compra de una casa tradicional, puedes contratar a cualquier agente de título local al azar de la guía de teléfonos para reunir los documentos, pero como inversionista, necesitas mucho más de tu representante legal. Necesitas a alguien que esté acostumbrado a lidiar con estas ventas más complicadas y que pueda detectar problemas de título, deuda y zonificación antes que firmes. Incluso entre los llamados abogados especialistas en bienes raíces, encontrar uno que tenga experiencia verificable con el desarrollo de bienes raíces, gravámenes/ejecuciones hipotecarias/insolvencia/hipotecas/alquiler/corretaje y la ley de construcción residencial no es una actividad simple de "verificar la cuadra". En resumen, debes pasar más tiempo entrevistando a abogados, revisando su historial de casos y revisando sus referencias de lo que pasas investigando tus primeras dos docenas de inversiones.

Recuerda, lo primero que harás al asumir la propiedad o incluso un interés parcial en una propiedad de inversión es limpiar el título. Demasiados inversores simplemente pagan las deudas que tiene la propiedad, pero un grandioso abogado podrá tomar la iniciativa y luchar/negociar (dos caras de la misma moneda) en tu nombre para obtener un pago menor, lo que libera mucho más valor en casa que el costo de honorarios del abogado.

Y ningún agente puede ayudarte con esto. De hecho, a los Agentes de Bienes Raíces® con licencia no se les permite en su código de ética ni siquiera discutir problemas de títulos con sus clientes, y mucho menos arreglarlos por ti y liberar plusvalía gratis en la casa.

Por supuesto, mantener un abogado con experiencia es costoso, pero muchos están dispuestos a reducir sus tarifas por venta si tienen asegurado que tendrán negocios repetidos contigo. Incluso más importante que ahorrar unos cuantos dólares de tus márgenes es que deseas construir una relación real con tu abogado. La confianza y la comprensión son productos increíblemente valiosos en cualquier negocio, y eso es doblemente cierto en la ley de bienes raíces. Por lo tanto, haz un esfuerzo real para verificar las referencias y los tratos pasados de tu agente de títulos, muéstrales tu plan de negocios, capital y profesionalismo...y podrías ganarte un socio legal informal.

Y recuerda, tan pronto como puedas permitirte, trae a tu abogado favorito a tu equipo formalmente, ya sea como socio o con un empleado a largo plazo. Esa es la mejor manera de garantizarte que obtendrás el servicio adicional detallado que necesitas, así como ayudará a obtener información invaluable en el camino que te hará mejor para encontrar plusvalía en propiedades de inversión.

Inspector de viviendas

Dado que estás planeando construir un negocio de gran volumen y estás planeando remodelar la mayoría de las propiedades de todos modos, puede ser tentador ahorrar un poco de efectivo omitiendo la inspección por completo. Simplemente. No lo hagas. La inspección es solo otro aspecto de hacer tu debida diligencia. No comprarías una propiedad sin una búsqueda detallada del título o firmarías un contrato desconocido sin que tu abogado lo revise, entonces, ¿por qué tener cuidado con la inspección física?

Del mismo modo, no te molestes con un inspector de viviendas con descuento que hará lo mínimo posible. Como con cualquier cosa en la vida, obtienes lo que pagas. La tarifa para que incluso el inspector de viviendas con más experiencia realice la revisión más detallada posible es minúscula en comparación con la cantidad de dinero en juego, aunque los ahorros potenciales son inmensos.

Además, solo hay tres resultados en una inspección de la casa, todos los cuales son positivos para ti.

Descubrirán algunos problemas ocultos serios que te llevarán a abortar el trato y ahorrarte una fortuna, o encontrarán problemas más pequeños que puedes usar para reducir el precio. Incluso si no encuentran nada, puedes tener mucha más confianza para seguir adelante con el trato. Como beneficio adicional, un informe detallado de inspección de la vivienda puede brindarte una ventaja de negociación con los contratistas que intentan exagerar los problemas y elevar la factura.

Por supuesto, solo porque un profesional sea caro no significa que valga la pena. Debes investigar el historial de sus clientes y asegurarte de que se especialicen en los tipos de propiedades que estás revendiendo. Por ejemplo, un inspector que revisa principalmente los condominios puede pasar por alto algunos problemas clave con las viviendas unifamiliares que estás revendiendo.

También es importante aclarar que estás buscando una relación a largo plazo con el inspector. Obviamente, cualquier profesional prestará más atención a los clientes habituales.

Contratistas de mejoras para la casa

Ya te escucho apretar los dientes. Encontrar un trabajo físico de primer nivel que no solo sea calificado, sino también confiable y asequible es un desafío épico en todas las ciudades. Y solo se está volviendo más difícil a medida que la tasa de desempleo se reduce. Incluso si hubo una recesión económica repentina, parece que todos van a la universidad hoy en día en lugar de una escuela de oficios, por lo que la escasez crónica de trabajadores de calidad no terminará pronto.

Personalmente, trabajé alrededor de esto al asociarme con un amigo que ya tenía un exitoso negocio de construcción. No solo un "personal de mantenimiento" o artesano, sino alguien con experiencia en convertir un rebaño en un pequeño ejército de diferentes contratistas especializados. Y me refiero a la asociación en un acuerdo de división de plusvalía 50/50 literal. Asociarme con él fue más que un simple plan de reducción de costos, sino una de las decisiones más inteligentes que tomé en este negocio. Apuesto a que me habría estrellado y quemado como tantos otros nuevos inversores en lugar de prosperar sin su consejo ilimitado y su mentoría genuina. Entonces, cuando insisto en el valor de buscar asesoramiento profesional en todo lo que haces, siempre hablo por experiencia personal, ya que así es como construí nuestro "imperio".

En el lado positivo, recuerda que nuestro objetivo es lograr que las propiedades estén en condiciones de venta lo antes posible. Lo que significa que ahorrarás una tonelada en mano de obra y costos de materiales...suponiendo que tengas un socio confiable que pueda crear y coordinar un sistema para rehabilitar la inversión incluso antes de comprar la propiedad.

Agentes de bienes raíces

Puedes sentirte tentado a saltear a estas personas al pensar: "Pero yo soy un agente de bienes raíces". O tal vez tu socio es uno. O tal vez has estado leyendo los millones de recursos gratuitos en Internet sobre los entresijos de la puesta en escena de propiedades para la venta. Puedes obtener una suscripción servicio de registro de propiedades tú mismo y, naturalmente, si sigues las estrategias de precios descritas en este libro, estarás exprimiendo el valor máximo en cada propiedad sin importar qué. Entonces, ¿por qué necesitas a alguien para negociar en tu nombre y tomar una gran parte de tus ganancias?

Hay dos cosas importantes que los agentes de bienes raíces pueden proporcionarte que no puedes obtener fácilmente:

- Información local de las trincheras sobre qué propiedad se está vendiendo más fácilmente y qué obstáculos especiales enfrentarás en una comunidad específica.

- Una lista de compradores motivados y calificados para esa área local.

Lo mejor de todo es que no necesitas contratarlos formalmente para trabajar juntos. Hay varias formas en que ambos pueden agregar valor al negocio del otro. Por ejemplo, ofrecer a un agente local derechos exclusivos para mostrar primero o incluso algunos de los negocios potenciales que no estás persiguiendo a cambio de información es beneficioso para ambos.

Tuercas y tornillos:
La matemática básica que necesitas resolver antes de cada trato

La razón más común por la que los inversionistas pierden dinero en una reventa de casa no se debe a algún cambio repentino en el mercado local o un caso de mala suerte con algún factor X aleatorio que golpea de la nada. Ambos riesgos son fáciles de manejar con una estimación de costo total realista y completa. No, la verdadera causa de que los inversores pierdan en el resultado final es porque no definieron cuidadosamente ese resultado en primer lugar.

La mayoría de los revendedores de casas lo saben aún mejor. Comprenden intelectualmente que necesitan ejecutar su operación de bienes raíces minorista como cualquier negocio minorista, pero se emocionan y pierden de vista el resultado final. Sí, es emocionante presentar la oferta ganadora en una subasta u otra propiedad fuera del mercado por un 50% o menos del precio de mercado. Y si estás en este negocio, es probable que seas un buscador secreto de emociones. Soy culpable de eso también. También me encantan la adrenalina, pero debes mantenerte conectado a la tierra y nunca dejar que esos números de encabezados nublen tu juicio. Si no estás actuando como una calculadora insensible, entonces no eres realmente un inversor; solo eres un apostador con un título elegante.

Pero si deseas crear un valor real por el que los compradores pagarán un premium, el primer paso y el más importante es muy simple: no compres propiedades malas solo porque son baratas.

La propiedad candidata ideal para la reventa requiere solo una reparación rutinaria del "desgaste", por lo que puedes invertir la mayor parte de tu presupuesto en renovar y crear un nuevo valor, en lugar de malgastar los fondos para que la casa se convierta a una condición habitable primero.

Recuerda, buscamos oportunidades para crear plusvalía, y las propiedades muy baratas hacen que el proceso sea mucho más difícil.

Primero, tienden a tener serios problemas, como gravámenes caros, no negociables o reparaciones expansivas que debes arreglar antes de que incluso puedas comenzar a agregar valor. En segundo lugar, se necesitan más conjeturas sobre los costos estimados para estas reparaciones, lo que aumenta el riesgo de que subestimes los costos. Lo cual es casi exactamente lo contrario de gestionar el riesgo.

En cuanto a mí, la regla del 70% me parece demasiado vaga. Es una regla empírica buena y conservadora cuando comienzas y no tienes tanta confianza en tu capacidad para predecir con precisión los costos y los valores de la vivienda, pero para un éxito duradero debes ser más específico. Reducir los márgenes de error al comparar la plusvalía actual con estimaciones *realistas* de todos mis costos (renovación, reparaciones, puesta en escena, retención, cierre) y el valor de mercado de la casa libre de exageraciones. Por cierto, determinar estos números realistas es donde elegir tu nicho y apegarte a ciertos tipos de propiedades, ubicaciones, etc. realmente vale la pena, pero más sobre eso en el próximo capítulo.

Una vez que tengo esta estimación para cada propiedad potencial en mi área de objetivo en una hoja de cálculo, puedo comparar las perspectivas y decidir sobre qué casas vale la pena contactar al propietario. Por lo general, ni siquiera consideraré hacer una oferta a menos que esté seguro de que al menos el 25% de la plusvalía ya está presente de inmediato. Lo que significa que hay un margen del 25% entre la suma de mi precio de compra y los costos totales estimados, y el precio realista que puedo obtener en el mercado abierto dentro de cuatro meses. En algunos casos raros, podría apretar el gatillo con tan solo un 15% de plusvalía, pero solo si es un mercado particularmente atractivo donde las propiedades se mueven más rápido.

El tiempo ES la variable clave de tu sistema de precios y valoración

Lo que me lleva a un punto crucial que la mayoría de las personas pasan por alto al hablar sobre el valor de mercado y las estrategias de fijación de precios. El tiempo no es solo un factor en el proceso, sino la variable más crítica. Sí, sí, todo el mundo sabe que "el tiempo es dinero"... ¿pero exactamente cuánto vale el tiempo? Una vez que calcules el salto gigante en las ganancias de vender rápidamente en tu conclusión final, o el alto costo de la rotación lenta del inventario, nunca volverás a ver los precios de la vivienda de la misma manera.

A menos que estés planeando alquilar propiedades y especular sobre la revalorización del capital a largo plazo, qué tan rápido puedes obtener una ganancia es más valioso que cuánto ganas. Sé que sueno como un disco rayado, pero la estrategia más segura y más lucrativa es revender las propiedades cada cuatro meses. Incluso más rápido sería ideal, pero todavía hay retrasos del mundo real con el cierre que ralentizan incluso los mercados más populares. Entonces, cuatro meses, desde la compra inicial hasta la firma del título, es el objetivo por tres razones:

1) Maximizar las ganancias.

Ni siquiera necesitas una calculadora para silbar por los efectos alucinantes del interés compuesto en juego aquí. Cada venta que cierres te permite invertir más en el siguiente trato, o incluso mejor, múltiples inversiones a la vez. Ganar un poco, pero hacerlo a menudo aumenta tus ganancias potenciales exponencialmente. Cada casa que compras vincula capital, mientras que todas las que vendes liberan capital. Se trata del tamaño de tu inventario, qué tan rápido puedes descargarlo y cuánto tiempo lleva crear más inventario. Es por eso que los profesionales no se estresan demasiado por el precio de venta final, sino que se preocupan por cada minuto que su efectivo está vinculado en una propiedad.

Por ejemplo, supongamos que tienes la opción de revender un lugar de inmediato por solo un 15% de ganancia, o tal vez podría ganar un 50% en una propiedad si te tomaras todo el año para renovarla o si tuvieras un precio en el extremo superior del valor de la vivienda y te negaras por tomar una oferta más baja. Si la mueves rápido, entonces liberarás suficiente efectivo para revender dos casas similares en la próxima ronda de inversión en lugar de solo una. Incluso si solo obtienes el mismo 15% en ambas ventas, una estimación bastante conservadora, aumentarás tu capital de trabajo lo suficiente como para revender *cuatro* casas la próxima vez. Así que estamos a siete reventas en un solo año. Claro, la ganancia por unidad fue solo modesta, pero los rendimientos netos para el año serán el doble o más de lo que habrías ganado quedándote con una sola propiedad y tratando de ganar hasta el último centavo.

2) Minimizando el riesgo.

Si ninguna buena inversión puede hacer tu carrera, ningún desastre puede romper tu negocio. Me oirás constantemente llevando volviendo a este punto, porque solo la repetición constante puede ahogar la parte codiciosa y animal de nuestros cerebros que quiere arrojar la precaución al viento y lograr "el gran trato". La estrategia de gestión de riesgos repetida a menudo de "diversificar tu cartera" no significa probar un montón de cosas diferentes. Simplemente significa descentralizar tus fuentes de ingresos y, por lo tanto, el impacto potencial de cualquier fuente de riesgo. Por supuesto, intercambia el tipo de propiedades con las que te sientas más cómodo y conozcas más. Solo comercia tantas como puedas en lugar de poner todos tus huevos en una canasta.

3) La velocidad genera confianza, habilidad, reputación y relaciones.

Todos los libros de inversión en el mundo no te enseñarán tanto como aprenderás de la realización de una reventa tú mismo. Y cuanta más práctica tengas, más tratos cierres, más lecciones que no se pueden enseñar aprenderás. Lo que garantiza que serás más sabio, más inteligente y más seguro en tus próximas inversiones.

En el proceso, ganarás una reputación en tu mercado local, lo que facilitará aún más la generación de clientes potenciales y la búsqueda de descuentos ocultos. Igual de importante, cuantos más negocios cierres, más profundas serán las relaciones que mantendrás con asesores, contratistas, abogados, inspectores, tasadores, prestamistas, agentes y todos los demás facilitadores en tu industria. Eso solo cosechará recompensas ilimitadas en los próximos años a medida que aprendas de los mejores especialistas en cada campo, además de brindarte favores profesionales con los que el inversionista promedio solo podría soñar.

Seguimiento de la plusvalía estimada

A lo largo de este proceso de inversión, tendrás que decidir sobre muchas bifurcaciones diferentes en el camino. Por ejemplo:

- ¿Deberías aceptar una oferta de compra que es X% menos de lo que pides, pero puede cerrar Y meses más rápido de lo esperado?

- Obtienes múltiples ofertas con diferentes términos. Uno es estar dispuesto a pagar un precio más alto, pero necesita que pagues en efectivo por adelantado para cubrir sus costos de cierre. El otro es un precio ligeramente más bajo, pero el comprador no necesita otra ayuda. ¿Cuál es el mejor trato para ti?

- Las tarifas de alquiler en un vecindario en el que planeaste revender una propiedad son más altas de lo que esperabas, y el prestamista hipotecario parece bastante susceptible a un pago de amortización. ¿Cuánto tiempo necesitarías alquilar la propiedad para revelar la misma plusvalía que una venta regular?

En cada caso, deberás actualizar tu puntaje de plusvalía estimado para comparar el resultado final de múltiples cursos de acción. La mejor manera de hacer esto es tratar los cambios de plusvalía en escenarios hipotéticos como costos o excedentes, en lugar de aumentos/reducciones de plusvalía. Luego, compara los diferentes planes con el statu quo de la plusvalía estimada. Para evitar confusiones o "corromper" esta estimación de plusvalía tan importante, asegúrate de tener siempre una puntuación de plusvalía "madre" a la vez.

Estimando tus costos totales

Así que ahí estás, hablando por teléfono con una oprimida propietaria de una casa que claramente está desesperada por llegar a un trato antes de que el sheriff aparezca con un aviso de desalojo. Colocas toda tu oferta en efectivo y respiras profundamente mientras el teléfono queda en silencio. Hiciste una investigación cuidadosa sobre el título y el vecindario, incluso enviaste un inspector de viviendas e hiciste un recorrido físico tú mismo.

Estás absolutamente seguro de que, con algunos pequeños ajustes, puedes agregar un valor serio y vender esta casa por al menos 200,000 en 90 días. Estás conectando diferentes cotizaciones de contratistas en una hoja de cálculo de Excel para ver qué opciones de mejora dan más por tu dinero cuando la propietaria finalmente dice algo.

"Bien", murmura sobre su marido maldiciendo en el fondo. "No nos deja mucho después de pagar la hipoteca, pero supongo que aceptaremos su trato. Suponiendo que pueda tener el efectivo aquí hoy".

"No hay problema, señora. Le quitaremos este desastre de las manos hoy. Estoy en camino al banco ahora mismo".

Cuelgas y tomas las llaves de tu auto, ignorando tu estimación de costos a medio terminar. ¿Qué diferencia supone? ¡Acabas de obtener una casa de 200,000 fuera del mercado por solo 165,000 después de la adquisición y los costos finales de pago! Las renovaciones costarán entre 5,000 y 10,000, el título está claro y se trata de todo en efectivo, por lo que no hay costos de financiación; los pequeños detalles no pueden cambiar el panorama general. Incluso si hay algunas sorpresas pequeñas, todavía saldrás adelante, ¿verdad? ¿Cómo puede salir algo mal?

Pero ya no te aplaudes a ti mismo meses después cuando descargas la casa y aprietas los dientes en la hoja de cálculo de costos que acabas de terminar. Si solo te hubieras tomado cinco minutos más para completar esto cuando...

Efectivamente, vendiste el lugar a $200,000, pero ¿a dónde se fue toda la plusvalía? En lugar de deducir solo $165,000 por la casa y pagar la hipoteca, además de tu estimación máxima de $10,000 más en renovaciones, de alguna manera realmente tuvo una pérdida. ¿Cómo diablos sucedió eso? Así que revisas los gastos línea por línea para ver lo que te perdiste, solo para saber cuán grande era el diablo que se escondía en los detalles.

Primero, te olvidaste por completo de los costos iniciales de cierre en ambos extremos de la reventa. Gracias a ese nuevo impuesto, las tarifas de documentos son mucho más altas que el año pasado. Entonces, esos son $5,000 en efectivo que tuviste que pagar.

Ah, y por supuesto, en el último segundo se aprobó un gravamen pendiente por cuotas de Asocia000ción de Propietarios no pagados y se agregó al título, por lo que se gastan $2,000 adicionales para que ese problema desaparezca.

Además, gracias a una revisión repentina de la evaluación de riesgos del distrito local de gestión del agua, la casa se encuentra ahora en una zona designada de inundación. Tu seguro cuesta el triple, pero está bien, ya que vas a vender rápido...

Pero luego estaba ese problema que encontraron los contratistas. Afortunadamente, agregaste un poco de margen de maniobra al presupuesto de renovación, por lo que el costo total no cambió las reglas del juego...pero les llevó dos meses adicionales completar el proyecto. Entonces, hay otros $5,000 en humo gracias a tus mayores costos de tenencia.

Ah, sí, y ¿ese aire acondicionado que el inspector de viviendas advirtió que estaba en sus últimos momentos? Efectivamente, se descompuso durante este tiempo extra que estuviste atrapado teniendo la propiedad. Entonces, en lugar de que la garantía del hogar lo pague, o que tengas tiempo para encontrar una buena oferta en una nueva unidad, ahora estás atrapado con un reemplazo rápido de $3,000.

Como te aferraste al lugar durante tanto tiempo, necesitabas un trabajo de paisajismo serio para deshacerte de todas las malezas y hacer que el lugar sea presentable. ¿Y de dónde diablos vino esta ventana rota? Deben ser esos malditos adolescentes que siempre andan por ahí. Continúa y desecha otros $1,000 en trabajos de mantenimiento apresurados.

En este punto, solo quieres quitarte esto de las manos y pasar a otro proyecto. Has perdido la cuenta de cuántas oportunidades te has perdido en estos cinco meses, por lo que contratas a un agente de bienes raíces de primer nivel para cerrar un trato a toda prisa, a pesar de que originalmente planeaste saltarte un agente y hacer las cosas tú mismo. Te encuentran un comprador motivado muy rápido que está listo para pagar el precio de cotización, pero este servicio cuesta otro 5%, por lo que cuesta $10,000.

Luego, en el último momento, tu comprador se encontró con un problema de liquidez después de que su prestamista exigió un par de evaluaciones adicionales de la vivienda y otras inspecciones. Así que buscaste nuevamente en tus bolsillos vacíos y cubriste los costos de cierre restantes de $2,000 para evitar que el acuerdo fracase y asegurarte de que no tuvieras que ir con una oferta de respaldo por debajo del precio de cotización.

Entonces, cuando todo estuvo dicho y hecho, todos esos "pequeños" detalles sumados elevaron tus costos totales a $38,000. A pesar de que estabas al tanto de los costos de las renovaciones y la cantidad de valor que podrías agregar, aún tuviste una pérdida neta de $3,000.

Si solo hubieras creado una estimación completa del costo total primero, podrías haber establecido tu precio máximo de compra en $150,000 y aun así haber obtenido una ganancia de $12,000, incluso con todas estas desagradables sorpresas.

Pero, ¿cómo se crea una estimación del costo total realista y detallada?

Primero, el trabajo de preparación para simplificar las cosas. Si aún no lo has hecho, separa tus actividades de alquiler y reventa. No solo los libros de contabilidad, sino que también deberían ser dos entidades legales separadas. Además, separa los costos operativos fijos que pagarás de todos modos para permanecer en el negocio, como los servicios de suscripción técnica y los asistentes, de tus costos variables relacionados con cada inversión.

Ahora puedes estimar tus costos esperados, tanto directos como indirectos, y restarlos del patrimonio de la propiedad antes de comenzar. Ahora, este es un proceso dinámico, que comienza con estimaciones iniciales y se refina a medida que ingresas nueva información, pero no requiere mucho tiempo.

La mayor parte de esto es en realidad sentido común, pero la clave más importante es asegurarte de tener en cuenta el tiempo suficiente. Por ejemplo, si estás revendiendo una propiedad, con cada costo recurrente inicialmente debes presupuestar seis meses de gastos. Luego, refina eso más tarde cuando tengas datos de ventas pendientes de cuánto tiempo permanecieron en el mercado viviendas similares. Luego, refina una vez más cuando estés en el mercado y evaluando las diferentes ofertas que vienen antes del presupuesto.

Antes de realizar cualquier inversión, deseas sumar los costos esperados de entrar y salir de la posición, rehabilitar y luego mantener. Entraremos en los detalles paso a paso de cómo encontrar todos estos datos más adelante, pero aquí está tu lista de verificación básica para las tres fases.

Costos de adquisición y cierre

Para un inversor, los costos de cierre cuando ingresamos y salimos de una posición se calculan de manera un poco diferente a la de un comprador/vendedor de vivienda típico. Algunos de estos gastos no son costos de cierre tradicionales, por lo que generalmente se incluyen en la categoría de contabilidad "miscelánea". Esto realmente puede afectar tu estimación de plusvalía inicial y conducir a todo tipo de sorpresas no deseadas en el futuro. La forma más sencilla de asegurarte de que no te estás perdiendo nada es agrupar todos estos elementos en dos categorías:

1) Costos totales de adquisición: Esta es la suma total de todo lo que cuesta ingresar a la inversión, independientemente de la fuente de la propiedad o tu estrategia a largo plazo.

- Monto pagado en subasta
- Monto pagado al propietario
- Costos de desalojo

- Todos los costos legales para la preparación/presentación de documentos, además de las tarifas estándar de registro de transferencia de títulos. Si tu servicio legal no está integrado, estas pequeñas picaduras de mosquitos constantes de $25, $50, $100 pueden acumularse rápidamente y desangrar una tonelada de plusvalía.

- Costos de cierre tradicionales, como inspecciones, comisión de agente, búsqueda de títulos, sello de documentos, etc...

2) Costos totales de descarga: Esto es realmente diferente por dos razones. Primero, debes prestar atención a la diferencia entre los costos de tu bolsillo y los aumentos/reducciones de tu plusvalía disponible. Por ejemplo, supongamos que tu plusvalía estimada se basó en tomar seis meses para vender la casa, pero tardaste ocho meses en cerrar. Esa reducción en tu plusvalía, en la forma de un monto mayor de pago de la hipoteca, debe calcularse como un costo de cierre, aunque no estés pagando nada directamente. Eso hará que sea mucho más fácil comparar y contrastar diferentes ofertas en la propiedad, ya que solo tendrás un valor de plusvalía estimado que luego podrás comparar con cada curso de acción (oferta). Suena como un pequeño detalle contable, pero tener más de un puntaje de plusvalía se vuelve confuso en una prisa.

La segunda cuestión es que el tiempo juega un papel importante si compraste una propiedad en ejecución hipotecaria y deseas utilizar los fondos del nuevo comprador para pagar la hipoteca en lugar de los tuyos. Aquí, calcular el pago final del préstamo no es tan simple como cerrar una venta tradicional de viviendas. El propietario de la hipoteca presionará por un acuerdo inflado que incluya tarifas atrasadas, intereses adicionales y suficientes honorarios de abogados para cubrir un juicio de celebridades. En muchos casos, puedes negociar este acuerdo, pero cuanto más tarde en cerrarse, menos apalancamiento tendrás. Por cada mes adicional que te lleve cerrar, puedes esperar el 1-2% en cargos adicionales del prestamista hipotecario.

- Liquidación final para todos los titulares de gravámenes.

- Cualquier crédito/consideraciones financieras otorgadas al comprador para acelerar la venta.
- Costos de cierre tradicionales, como honorarios de agente, seguro de título de impuestos de transferencia, seguro de vendedor de vivienda, etc...

Nota: Si aceptaste una oferta por un precio más bajo que tu listado, eso no se cuenta aquí. Eso se deduce de la plusvalía estimada antes de comenzar a agregar costos de cierre.

Costos de rehabilitación

Esta es la categoría general para todo lo necesario para tener la propiedad en un estado comercializable y vendible, tanto físicamente como en términos de título. Esto va más allá de los costos básicos de reparación y renovación. Deseas incluir:

- Todos los costos de mano de obra física y materiales para reparaciones y renovaciones.
- Costos de permisos, inspección y violación de códigos para cualquier renovación que hayas realizado o que hayan realizado los propietarios anteriores. Esto a menudo se pasa por alto y causa sorpresas desagradables cuando estás listo para vender.
- Todos los costos de puesta en escena más allá de las renovaciones, como servicios de limpieza, paisajismo, lavado a presión, etc.
- Costos para eliminar gravámenes más pequeños que no estás cubriendo en costos de cierre, tales como Asociación de Propietarios e impuestos a la propiedad impagos.
- Además, reserva un 10% adicional del costo total de rehabilitación para imprevistos u otras incógnitas.

Costos de tenencia

Incluso si estás comprando propiedades en efectivo para revenderlas rápidamente, tus costos de tenencia no son una cosa inconsecuente. Estos costos también son bastante útiles cuando estás decidiendo si una oferta baja pero rápida para tu propiedad vale la pena o no.

- Costos de servicios públicos.
- Cuotas recurrentes de Asociación de Propietarios.
- Seguros.
- Tarifas de administrador de propiedades. Si no estás utilizando una empresa de administración de terceros, esto incluye todo lo necesario para mantener la propiedad en perfectas condiciones, como el monitoreo de seguridad y el mantenimiento regular del paisaje.

Liquidez

Además de cuánto estás invirtiendo, es crucial calcular cuánto efectivo libre necesitarás durante cada etapa de la operación, incluido un margen de seguridad saludable. Si aún no tienes los fondos necesarios en reserva y dependes del flujo de efectivo futuro de otro lugar, asegúrate de tener una opción de respaldo en caso de que algún factor X afecte tus finanzas. Esto podría ser tan simple como una línea de crédito no utilizada con tu banco o precalificar para un préstamo de capital de trabajo.

Obviamente, para obtener el máximo beneficio y el mínimo riesgo, cualquier forma de financiación de la deuda debe utilizarse como último recurso. Sin embargo, una vez que hayas comprado una propiedad y surja una crisis inesperada, incluso algo totalmente ajeno a la casa en cuestión, sería una pena perder un acuerdo de seis cifras solo porque eres tímido por uno o dos miles por apresurar reparaciones u honorarios legales inesperados que deben pagarse de inmediato.

Por lo tanto, asegúrate de tener al menos una opción de línea de crédito de capital de trabajo disponible en tu banco para emergencias. A pesar de las altas tasas de interés, eso suele ser mucho más barato que ofrecer a un comprador grandes créditos contra el precio, o incluso reducir el trato por completo.

Charlas de efectivo, caminatas de MI**DA:
Por qué el efectivo es el rey y el financiamiento te convierte en un peón

Una de las cosas más difíciles de comprender para los nuevos inversores es la necesidad de cumplir con todos los tratos en efectivo. Se podría pensar que soy un tipo de Scrooge McDuck demasiado cauteloso tratando de ahuyentar a los nuevos inversionistas pobres gritando sobre los "males del crédito". Incluso puede sonar hipócrita por mi parte, ya que he usado el apalancamiento con gran efecto al principio de mi carrera.

Pero la realidad es que incluso una pequeña pila de efectivo abre todo tipo de oportunidades que se te cierran si estás encadenado a la deuda. En el lado positivo, usar solo efectivo para nuevas inversiones no significa que necesites una montaña de dinero en efectivo disponible. Puedo, y de manera rutinaria, he ganado más dinero con solo un cheque de caja de $10,000 trabajando en las subastas de pre-ejecución hipotecaria o ejecución hipotecaria de la Asociación de Propietarios que lo que podría ganar con un préstamo bancario de $200,000 para buscar listados en el mercado. A menos que estés operando en un mercado ultra atractivo, es raro que gastes más de $100,000 por adelantado en una sola oferta.

Incluso si planeas hacer principalmente alquileres a largo plazo y prefieres arriesgar el dinero del banco en lugar del tuyo propio, la financiación aún está llena de riesgos adicionales. Los tiempos están cambiando y lo que funcionó en los primeros años de la crisis de la vivienda es una estrategia mucho más costosa hoy en día. Cuando la Reserva Federal redujo las tasas a nada y los bancos regalaban prácticamente "dinero gratis", incluso con tasas de interés hipotecarias a corto plazo ligeramente por encima de la inflación, entonces comprar tus inversiones con la menor cantidad de efectivo posible era un movimiento inteligente.

Hoy, sin embargo, y en el futuro previsible, las cosas son radicalmente diferentes. No solo están subiendo las tasas de interés, sino que los requisitos para asegurar el financiamiento son cada vez más estrictos, especialmente para los nuevos inversores. Sobre todo, la clave es la gestión de riesgos. Sí, estás arriesgando tu propio efectivo en negocios fuera del mercado, pero solo la transferencia del título, la rehabilitación inicial y los costos de tenencia. Todos los gastos importantes, como pagar la hipoteca, se pagan al cierre. Realmente, financiado por tu comprador. Si has hecho tu tarea, entonces el riesgo es limitado porque creaste un generoso colchón de plusvalía antes de entrar en el trato. Lo peor que puede suceder es que calcularas mal los costos o el precio de venta y termines obteniendo una ganancia menor de la esperada.

Sin embargo, cuando estás financiando un acuerdo, ¿estás realmente más seguro? En primer lugar, debes comprar a tasas de mercado, o bastante cerca, para asegurar un préstamo. Piensa en los riesgos adicionales que complican tu fórmula de inversión:

a. Estás renunciando al margen de seguridad de plusvalía masiva que te protege de los errores.

b. Todavía estás pagando la hipoteca existente de tu propio bolsillo, en lugar de permitir que tu eventual comprador la pague. En esencia, solo estás cambiando un préstamo por otro.

c. Hoy en día, tu pago inicial probablemente será tan grande que rivalizará con el costo de solo comprar en efectivo en una subasta o acercarte al propietario con un acuerdo de transferencia de título.

d. Estás renunciando a toda flexibilidad al comprar el trato. No recuerdo cuántas veces he visto a un inversor hacer un gran esfuerzo, pero en las semanas que esperan a que los aseguradores del banco terminen los detalles, un inversor en efectivo aparece primero.

El efectivo libera mejores ofertas.

Pero más importante que solo los costos ligeramente más altos de financiamiento es tu falta de flexibilidad. Ya sea que planees fundar un imperio de alquiler a largo plazo o dominar la reventa de casas de alta velocidad, debes ser capaz de atacar rápidamente. Cuando hayas encontrado un dueño de casa angustiado con un valor patrimonial serio en su casa que esté listo para vender rápidamente, lo último que necesitas es esperar a que los aseguradores de algunos bancos verifiquen tres veces tu solicitud de préstamo. El propietario que tuviste tantos problemas para encontrar y ablandar probablemente recibirá una docena de ofertas en efectivo de inversionistas más ágiles antes de que tu banco envíe un tasador de propiedades.

Perdí la cuenta de cuántas veces me acerqué a los propietarios de viviendas en una situación desesperada y reduje el 50% o más de un precio de venta ya reducido simplemente poniendo un cheque de caja certificado en sus manos.

Pero el uso de efectivo para asegurar mejores tratos es una apuesta en la mesa en este juego. El valor real de omitir a los prestamistas y usar solo efectivo está en la increíble flexibilidad que te brinda. Puedes aprovechar oportunidades lucrativas pero fugaces en un instante o abandonar con un daño mínimo, incluso si compraste el peor pozo de dinero.

En esas mismas situaciones en las que estoy hablando directamente con los propietarios, la mía rara vez es la primera oferta que se les presenta. De hecho, siempre soy el mejor postor, incluso cuando compito con otros revendedores de casas, pero sigo cerrando el trato el 90% del tiempo.

Claro, me gusta pensar que es solo por mi encantador *je ne sais quoi*...pero si soy sincero, es simplemente porque hago tratos todo en efectivo, todo el tiempo. Nunca subestimes el poder seductor de una oferta en efectivo de bola baja "ofensiva", cuando se entrega en el momento adecuado, con simpatía y comprensión. Cuando se trata de una persona que se tambalea en el abismo de la ruina financiera, una pobre alma que se ahoga en la agitación emocional de cómo mantener la comida en la boca de sus hijos y un techo sobre sus cabezas... bueno, el pequeño salvavidas que estás tirando ahora es infinitamente más valioso que la promesa de un bote de rescate la próxima semana.

Tu oferta de hacer que todos sus problemas desaparezcan ahora mismo, antes de la hora del almuerzo, y comprar este albatros financiero "tal cual" te hace un ángel salvador. Todas esas otras ofertas que requieren días o semanas de aprobación del prestamista en el futuro, sin importar cuánto más valen, son solo promesas vacías cuando se apilan contra una pila de efectivo en manos de una persona desesperada.

Encuentra tu nicho:
El pez grande en un pequeño estanque es siempre gordo y feliz

Entonces, ¿cómo puede el inversionista promedio NN competir con las firmas de inversión multimillonarias, REIT y gigantes tecnológicos que merodean los mercados en busca de reventas rápidas? Esta tarea no es tan desalentadora como parece, porque el tamaño nacional de estos gigantes es su talón de Aquiles.

Nadie puede comprar todo, ni siquiera los súper ricos, por lo que estas empresas ignoran intencionalmente millones de buenas oportunidades todos los días al enfocarse en las mejores ofertas potenciales en su nicho. Su principal área de especialización. Ese enfoque es lo que les da una ventaja...y a ti una plantilla para el éxito.

Ya sea que estés revendiendo casas, fundando un imperio de alquiler o simplemente buscando recaudar y liquidar embargos, necesitas algo de ventaja para un éxito duradero. Sí, sí, eso es lo que todos dicen, pero nunca lo siguen y explican *cómo*. En realidad, es muy sencillo. Tu ventaja es el nicho en el que eliges enfocarte. Solo eso. Simplemente concentrar toda tu energía en un objetivo a la vez te da una ventaja sobre la competencia que está tratando de hacer todo a la vez.

Por ejemplo, si te enfocas en revender condominios en una sola sección de una ciudad, ya tendrás una ventaja sobre esos condominios en toda la ciudad, incluso si recién estás comenzando. A cuantos más nichos estrechos puedas agregar valor, mayor será tu ventaja.

En cuanto a mí, conozco mis limitaciones y fortalezas. Soy un experto en números e investigación, pero si me das un martillo, terminaré de algún modo incendiando el lugar. Es por eso que tengo un gran socio que aporta un gran valor a través de su experiencia en todo tipo de contratistas de construcción y mano de obra. Él conoce todos los trucos y la jerga, por lo que mantiene el trabajo físico a tiempo y bien hecho, mientras exprime a los subcontratistas por sus mejores precios.

Mientras el está eliminando los detalles esenciales de la rehabilitación, la renovación y el mantenimiento, yo concentro toda mi energía en mis nichos:

1. Minería de datos *Lis Pendens* y otros registros públicos para propiedades problemáticas con alta plusvalía.

2. Rastreo propietarios y les lanzo una línea de vida de oferta de efectivo bien elaborada antes de que los tiburones se los traguen.

3. Luego tomo mi fusil legal y alejo a los tiburones para que podamos salvar en paz el barco del tesoro que se hunde.

Juntos, hemos formado un equipo que ha dominado nuestro mercado local durante años, al tiempo que agregamos nuevos miembros de nicho a la organización que nos da aún más ventaja.

Por ejemplo, también nos hemos asociado con un abogado que puede hacer círculos alrededor de titulares de gravámenes competitivos. Esos abogados bancarios desenfocados parecen atún aterrorizado cuando aparece mi gran abogado tiburón blanco, ya que su nicho se centra al 100% en el tipo de guerra legal en que el ganador se lleva todo lo que necesitamos.

Puede desarrollar su propia ventaja de la nada simplemente desglosando el proceso de inversión inmobiliaria minorista en sus componentes más simples, y luego eligiendo aquellas áreas en las que tiene algo de experiencia, aunque solo sea rudimentaria, para enfocar todo su tiempo y esfuerzo. Eso es todo lo que es un nicho: enfoque. Si te concentras en un solo aspecto de cada parte del proceso de reventa, te convertirás en un experto en poco tiempo.

Para obtener la máxima ventaja, recomendaría elegir un nicho de cada categoría y luego invertir toda tu energía en aprender más sobre cada campo. Una vez más, no es necesario que ya seas un experto, sino que solo tengas cierta familiaridad básica con el tema, un deseo de aprender más y la disciplina para estudiar mucho.

- ✓ ¿A QUIÉN le estás vendiendo?

    Nichos de usuario final, como alquileres a largo/corto plazo, alquileres para estudiantes, etc.

- ✓ ¿QUÉ estás revendiendo?

    Nichos de propiedad, como casas unifamiliares, condominios, etc.

- ✓ ¿DÓNDE enfocarás tus búsquedas?

    Nichos de ubicación, ciudad/región específica más especialidad como suburbios, centro de la ciudad, etc...

- ✓ ¿CUÁNDO considerarías comprar una propiedad o interés de propiedad?

    Nichos de vendedores, como subastas, pre-ejecuciones hipotecarias, asignación de derechos, etc...

- ✓ ¿CÓMO harás las cosas de manera diferente a la competencia?

    Nichos de habilidades de los inversores, como minería de datos, renovación, puesta en escena de propiedades, etc...

Es posible que ahora seas un inversionista de "poca monta", pero si al menos está tratando de dominar un nicho en cada uno de estos campos de estudio, entonces eres la definición de un verdadero profesional. Elegir tu propio nicho también te ayuda a obtener el máximo valor de la contratación de asesores de inversión, ya que puede reducir el alcance de las preguntas que tengas y recibir consejos mucho más detallados.

Si bien es imposible discutir cada nicho posible en este negocio en un libro (o incluso una docena), quiero dar una visión general rápida de algunos nichos populares que son más fáciles de dominar. Las frutas bajas que tienen las curvas de aprendizaje más cortas y la menor cantidad de obstáculos para dominarlas. Una vez que hayas elegido una respuesta para las preguntas sobre quién, qué, dónde, cuándo y cómo enfocarte, tendrás una base sobre la que podemos construir cuando abordemos el nicho mucho más complicado pero muy importante de encontrar propiedades fuera del mercado de un alto valor.

Quién: Nichos de usuario final

Tipos de comprador

Obviamente, ninguna casa es perfecta para todos. Por lo tanto, al reducir tu enfoque a la selección, renovación y comercialización de viviendas para un tipo particular de compradores de vivienda, puedes aumentar la velocidad de entrega del inventario y desbloquear un valor adicional. No estoy sugiriendo una amplia personalización cuando rehabilites una propiedad, sino simplemente entendiendo las necesidades y deseos de un tipo de comprador que se sentiría atraído por una propiedad te da una gran ventaja sobre la competencia.

En el sentido más amplio, todos los compradores potenciales se pueden dividir en compradores minoristas o inversores. Al vender a inversores (venta al por mayor), si puedes identificar qué ventaja única proporcionará tu propiedad, puedes enfatizar esas ventajas y cerrar negocios más rápido. Por ejemplo, los inversores de alquiler y compra centrados en el alquiler buscan viviendas recientemente renovadas que estén listas para la mudanza y que requieran un mantenimiento extremadamente bajo. Los inversores especulativos desearían ver cómo esta propiedad tiene una buena oportunidad de apreciar su valor más rápido que las otras viviendas del vecindario. Otros revendedores de casas quieren ver casas con grandes descuentos por su mal estado para poder arreglarlas.

Con los compradores minoristas, tienes aún más oportunidades para destacarte del grupo. Para algunos ejemplos, una casa pequeña y antigua en un vecindario tranquilo probablemente sea más adecuada para compradores retirados que para propietarios primerizos. Las familias buscan espacios, seguridad y buenos distritos escolares y están menos interesadas en servicios específicos. Las parejas jóvenes e infantiles que buscan un hogar de inicio suelen estar más interesadas en la proximidad a destinos populares y en lo vibrante que es la comunidad, en lugar de un gran patio. La lista sigue y sigue. La clave es que ninguna casa es perfecta para todos los compradores, por lo tanto, para cerrar rápidamente y al mejor precio, debes saber quién es tu comprador ideal incluso antes de listar la propiedad.

Por supuesto, soy un gran defensor de revender lo más rápido posible para maximizar las ganancias y minimizar el riesgo, pero he alquilado todo tipo de unidades individuales y multifamiliares a lo largo de los años. Entiendo el valor que un inversionista inteligente puede crear si se enfoca en alquileres, especialmente en mercados donde los alquileres están aumentando más rápido que los precios de las viviendas. Así que exploremos los nichos de alquiler más fáciles que podrías dominar rápidamente si lo deseas.

Alquileres: Tanto a corto como a largo plazo

Obtener ingresos de alquiler constantes y semi-pasivos es casi la inversión soñada de todos...por eso este nicho está tan lleno de gente. Sin embargo, cuando traes propiedades fuera de línea al mercado, nada de esa competencia significa algo para ti. Toda la ecuación de encontrar la ubicación perfecta que atraerá a los inquilinos de calidad y los mantendrá allí se voltea patas para arriba cuando puedes tomar propiedades que nunca se han alquilado en el mercado en primer lugar.

Si sueñas con establecer una red de alquileres a corto plazo al estilo de Airbnb en áreas atractivas de vacaciones, como tantos hoy en día, entonces este nicho aún es fácil de penetrar. Simplemente refina tus web scrapers para extraer Lis Pendens o Avisos de Impagos de tus ubicaciones favoritas en todo el país y ya estás muy por delante del juego.

Alquiler a usuarios especializados

Este nicho tiene muchos subgéneros diferentes, dependiendo de tus motivos. Si estás invirtiendo en una ciudad universitaria, es posible que desees centrarte en la vivienda estudiantil. Lo que generalmente significa renovar para reducir las áreas comunes y maximizar el número de habitaciones.

Si estás invirtiendo en una ubicación que está cerca de una playa u otro lugar de vacaciones popular, probablemente desees centrarte en alquileres de vacaciones, con énfasis en la vista y el acceso a los servicios. Incluso si se estás enfocando en una sección menos rica de una ciudad importante, puedes especializarte en ayudar a los inquilinos a navegar por la burocracia y el papeleo para obtener la Sección 8 u otros bonos de vivienda del gobierno.

Alquiler con opción a compra

Si planeas alquilar la propiedad, o las circunstancias te obligan, una opción cada vez más popular son los acuerdos de arrendamiento con opción a compra. Todos los términos son flexibles, pero a grandes rasgos el arrendatario paga una suma global, generalmente entre el 2 y el 5% del valor de la vivienda, por el derecho a comprar la vivienda a un precio fijo, generalmente por encima del valor de mercado actual, dentro de un cierto período de tiempo, a menudo 12-18 meses. El propietario mantiene la opción de pago independientemente de si el arrendatario compra la propiedad o no.

Además, el alquiler mensual del inquilino suele ser más alto de lo que normalmente exigiría la propiedad, pero una parte se acredita al precio de venta final de la vivienda si el arrendatario compra la vivienda. Estos acuerdos se pueden estructurar para proporcionar la máxima flexibilidad al comprador de vivienda y permitirle comprar una propiedad que de otro modo no podría pagar, al tiempo que garantiza al inversionista un inquilino inmediato de alta calidad, un pago rápido modesto y una mayor ganancia potencial con el tiempo.

Este es un nicho mejor servido por aquellos con un interés particular en los tecnicismos legales detrás de los contratos, así como por los inversores capaces de evaluar cuidadosamente a los arrendatarios. Sin embargo, cuando se ejecuta correctamente, los beneficios a corto y largo plazo son significativos para los inversores de compra y alquiler. Si bien no es adecuado para todos, especialmente si deseas revender rápidamente o esperas que los valores de las propiedades locales o las tasas de alquiler aumenten pronto, estos contratos ofrecen opciones adicionales para forjar tu propio nicho.

Qué: Nichos de propiedad

Casas unifamiliares

Ventajas

- Alta demanda: Las casas unifamiliares representan aproximadamente el 60% del inventario de viviendas de los EE.UU. por una buena razón: tienen una gran demanda en la mayoría de los mercados. Es por eso que estas casas son generalmente las más rápidas de revender, suponiendo que el precio no sea demasiado alto para el vecindario.

- Apreciación del capital: Como regla general, no recomiendo apostar a que aumenten los precios de la vivienda. La especulación es un modelo comercial difícil de mantener a largo plazo, pero si los precios aumentan en tu mercado, la mayoría de las veces las viviendas unifamiliares en todo el país se valoran mucho más rápido que cualquier otro tipo de propiedad residencial.

Desafíos

- Valoración: A menos que la casa esté justo en el medio de una subdivisión clónica, deberás realizar un trabajo adicional para crear tu propia lista de ventas realistas de "ventas comparables". Ten en cuenta que incluso el análisis de mercado comparativo mejor investigado tendrá un gran margen de error al tratar con viviendas unifamiliares. Entonces, si estás fijando un precio en el extremo superior de tu estimación de valoración, no te sorprendas si el cierre lleva más tiempo de lo habitual, por ejemplo, cuando el prestamista del comprador requiere una evaluación adicional o los aseguradores arrastran los pies.

- Costos de mantenimiento: Si estás planeando una remodelación extensa, el precio de liquidación es demasiado alto o algún otro problema te impide vender esta casa rápidamente, tus costos de tenencia serán más altos que las propiedades a precios similares. Por ejemplo, las propiedades de unidades múltiples te permiten alquilar parte de la propiedad para compensar tus costos y los condominios generalmente no requieren costos de jardinería, mantenimiento y seguro tan altos como las viviendas unifamiliares. Por lo tanto, asegurarse de tener las estimaciones correctas y un sistema para hacer una salida rápida son factores importantes para obtener ganancias con este tipo de viviendas.

Casas prefabricadas

Posibles áreas de enfoque

Vecindario: En comparación con las casas individuales y multifamiliares, el vecindario inmediato tiene un impacto mucho más profundo en el atractivo exterior de una casa prefabricada. La más lujosa triple-ancho en un parque de tráileres infestado de crímenes, no alcanzará ni próximamente el mismo precio que una vieja simple-ancho en su propia parcela en un vecindario "respetable". Por lo tanto, para tener éxito con este tipo de propiedades, necesitas una comprensión profunda del área y las personas que viven allí.

Ventajas

Tasa de rendimiento: Para un nicho especializado que se enfoca en este tipo de propiedades y sabe cómo administrar los riesgos, encontrarás que ningún otro tipo de propiedad ofrece tanta ganancia potencial por tan poca inversión inicial. Por ejemplo, la misma inversión de capital que normalmente harías en una sola casa tradicional probablemente comprará dos o más casas prefabricadas relativamente nuevas. Cada una de las cuales debería generarte un 15-30%, si has hecho bien tu tarea.

Más oportunidades de propietarios angustiados: A riesgo de parecer insensible, un mayor porcentaje de casas prefabricadas en la mayoría de los mercados terminarán en procedimientos de ejecución hipotecaria. Dado que muchos de los principales inversores en inversiones inmobiliarias no se molestan con este tipo de propiedades, puedes darte una vuelta por una selección más amplia de propietarios angustiados para encontrar aquellas con plusvalía y hacer una oferta de efectivo ultra baja con menos competencia.

Desafíos

Depreciación: Por lo general, las casas prefabricadas pierden valor cada año más rápido de lo que lo hará una casa "elaborada a la medida". Esto varía enormemente según el mercado, pero una depreciación del 3-5% cada año para la estructura es una métrica común. Por supuesto, esto no necesariamente significa desastre, ya que al igual que en otras propiedades la tierra puede apreciarse en valor, los valores generales de la propiedad del vecindario podrían aumentar debido a un desequilibrio de oferta/demanda, además de que ciertas renovaciones pueden agregar suficiente valor para superar la depreciación de la propiedad. Sin embargo, revender casas prefabricadas requiere una excelente comprensión de los valores del mercado local y una idea de los deseos de los usuarios finales que compran o alquilan estas casas.

Menor demanda: Si bien ningún otro tipo de casa ofrece un mejor precio por pie cuadrado, y la calidad de las casas prefabricadas modernas es sobresaliente, sin embargo, muchos compradores de casas simplemente no están interesados en este tipo de propiedades, independientemente del precio. Y en comparación con otras categorías de compradores de vivienda, encontrarás que un porcentaje menor de aquellos interesados en viviendas prefabricadas son en realidad prospectos calificados (capaces de calificar para una hipoteca rápidamente). Por lo tanto, espera que este tipo de viviendas permanezcan en el mercado más tiempo que otras propiedades.

Financiamiento: Incluso cuando puedes encontrar compradores calificados, estas casas son mucho más difíciles de financiar que otras opciones. Algunos prestamistas ni siquiera cubren casas prefabricadas y aquellos que lo hacen tienden a requerir mejores historiales crediticios o cobran tasas de interés más altas a los prestatarios. En algunos casos, como en el caso de los préstamos de la FHA, el monto máximo del préstamo para casas móviles/prefabricadas está limitado a un monto único en todo el país, que podría no cubrir el precio de la vivienda y el terreno en tu localidad.

Viviendas Multifamiliares

Ventajas

Oportunidades de alquiler: Ya sean dúplex, triplex o quads, estas viviendas combinan las ventajas de valoración de las viviendas de un solo lote con múltiples unidades que puedes alquilar para obtener un flujo de ingresos constante. Incluso si alquilar no es tu estrategia a largo plazo, incluso los alquileres a corto plazo en algunas unidades mientras estás renovando otras reducirán sustancialmente tus costos de mantenimiento e incluso podrían generar un flujo de caja positivo.

Grupo de compradores más grande: A diferencia de otras propiedades, las viviendas multifamiliares te ofrecen diferentes estrategias de salida. Atraerán la atención a través de una selección más amplia de compradores de viviendas, desde nuevas familias que buscan una casa de inicio, solteros que desean su propio lugar hasta inversores comerciales que buscan comprar una vaca de efectivo a largo plazo. Y mientras tanto, puedes alquilar algunas unidades mientras esperas la mejor oferta.

Dónde: Nichos de ubicación

Como inversionista residencial minorista, nada te brinda una mayor ventaja sobre los "profesionales" inmobiliarios en todo el país que estar íntimamente familiarizado con una ubicación en particular. Tus instintos en lo que las personas buscan en un área local, el ambiente de una comunidad, las comodidades que tienen una gran demanda, etc., constituyen un tesoro de datos que te brinda una ventaja competitiva.

Dicho esto, cuanto más estrechamente definas tus "lugares de asentamiento", más fuerte será esa ventaja. Muchos nuevos inversionistas establecerán arbitrariamente su zona de inversión dentro de una cierta distancia en automóvil, generalmente una hora más o menos, desde su propia casa. Si bien es práctico y conveniente, es mucho mejor identificar las ubicaciones en las que deseas enfocarte, sin importar cuán lejos estén. Estudia las regiones/ciudades y sub-zonas dentro que tienen la mayoría de las casas que coinciden con tus otras habilidades/intereses e ignora todo lo demás.

Cuando recién estés comenzando, te recomiendo enfáticamente centrarte en revender propiedades fuera del mercado en solo una de las siguientes ubicaciones estrechamente definidas. Una vez que estés bastante cómodo con tu nicho elegido, expande y experimenta con otros tipos de ubicaciones.

Enfócate en distritos escolares, actividades comunitarias y servicios

Una alternativa para revender en un vecindario popular, y probablemente sobreapreciado, es enfocarte en las características que hacen que el área sea tan popular. Por ejemplo, si todos quieren vivir cerca de un parque de moda o enviar a sus hijos a una escuela en particular, es posible que desees omitir el nuevo desarrollo pretencioso a vista del lugar. Solo buscar un poco más lejos generalmente generará vecindarios dentro de una distancia razonable que no están promocionados y tienen precios más razonables.

Grande o pequeña, cada ciudad tiene otros puntos críticos menos obvios que aumentan el valor de las propiedades locales, como vías verdes, espacios públicos, centros comerciales, centros de vida nocturna y otras comodidades.

Muy a menudo, muchos compradores de vivienda solo buscan una dirección de "estatus", como una en un municipio rico o un suburbio elegante de una ciudad. Si puedes ofrecerles una alternativa de vivienda más barata a las afueras de las áreas de clase alta, pero lo suficientemente cerca como para que la oficina de correos la etiquete como "Ciudad Elegante, EE.UU.", obtendrás aún más valor en tu inversión.

Cuando: Nichos de vendedor

Pre-ejecución hipotecaria/ventas al descubierto

Este nicho tiene innumerables subcategorías en las que podrías especializarte, pero todas se reducen a encontrar y acercarte a los propietarios que están atrasados en sus pagos y enfrentan una ejecución hipotecaria inminente, pero que aún tienen plusvalía en su propiedad.

Naturalmente, el período entre la presentación de *Lis Pendens* y el inicio de una subasta es un buen momento para que un inversionista ángel se precipite y salve a un vendedor motivado de la molestia, el costo y la vergüenza de una ejecución hipotecaria.

Pero eso es tan sólo el comienzo. Por lo general, el prestamista hipotecario está igualmente motivado para evitar los problemas y el riesgo de ejecución hipotecaria y subasta de activos, por lo que en este momento a menudo son bastante receptivos a las ofertas de venta al descubierto en efectivo. Especialmente si la parte que demanda la ejecución hipotecaria no es un acreedor de máxima prioridad, como una asociación de propietarios o un prestamista HELOC, ya que su exposición al riesgo es muy alta. Sin mencionar las otras oportunidades que encontrarás para ganar interés, escritura u otras asignaciones de derechos a una propiedad, pero cubriremos todo eso en el próximo capítulo.

Herencias

Una clase única de casas fuera del mercado con vendedores motivados son los herederos de los propietarios recientemente fallecidos. En estos tiempos emocionales, las familias tienden a priorizar la liquidación y distribución de los activos del patrimonio lo más rápido posible. A veces por razones financieras, a veces para encontrar el cierre o evitar conflictos internos en la familia. En cualquier caso, vender la casa rápidamente con la mínima molestia es casi tan importante como el precio.

Sin embargo, al mismo tiempo, estas casas generalmente están lejos de estar listas para venderse. Enfrentados con el gasto y la demora de organizar adecuadamente una casa y encontrar un agente local, todo mientras los nuevos propietarios tienden a vivir a una gran distancia, a menudo aprovechan la oportunidad de aceptar una oferta de efectivo baja, pero inmediata para aliviar el dolor de cabeza.

El mayor inconveniente es, naturalmente, que todas las partes interesadas potenciales necesitan firmar una venta. Lo que también puede ser una ventaja, ya que el tiempo adicional que lleva cerrar asusta a muchos inversores profesionales.

Divorcio

Al igual que las ventas de herencias, a menudo los bienes inmuebles conjuntos deben liquidarse rápidamente durante los procedimientos de divorcio. Los inversores con alta inteligencia emocional, por ejemplo, pueden navegar en este campo de batalla emocional y organizar acuerdos de beneficio mutuo para ellos y los propietarios separados mucho antes de que la propiedad salga al mercado. Como beneficio adicional, en muchos estados la petición inicial de divorcio es un asunto de registros públicos, por lo que puedes saltar rápidamente estos acuerdos mientras enfrentas mucha menos competencia de otros inversores en efectivo.

Propiedades dañadas

Si bien a menudo se pasa por alto, la compra de propiedades recientemente dañadas por incendios, inundaciones u otros desastres puede ser un nicho lucrativo para los revendedores cuya fortaleza es la construcción y renovación. Muy a menudo, los propietarios prefieren tomar su acuerdo de seguro y mudarse a otra casa en lugar de enfrentar los problemas emocionales y financieros de la reconstrucción. Por lo tanto, a menudo puedes comprar estas propiedades a tasas de "recuperación" y revelar un valor enorme cuando reconstruyes. Una vez más, este es un nicho más avanzado, pero vale la pena mencionarlo para aquellos de ustedes con una ventaja en infraestructura de construcción y contactos.

Asociación de Propietarios, morosidad fiscal y otros gravámenes junior

Si bien cada estado tiene un procedimiento ligeramente diferente, un inversor que se concentre solo en gravámenes que especulan en un mercado único tendrá una gran ventaja sobre la competencia. Este es un nicho tan abierto con amplias estrategias de salida que te permite comprar títulos, intereses en una propiedad o asignaciones de derechos, todo antes, durante y después de una subasta.

Cómo: Nichos de habilidad para inversores

Si bien hay innumerables habilidades para los inversores que pueden perfeccionar, cubriremos las más grandes que darán sus frutos, sin importar en qué otros nichos te estés enfocando:

- Minería de datos
- Puesta en escena
- Renovación
- Legal
- Generación de contactos (Clientes potenciales)

FASE DOS:
Integrándolo todo

Las mejores fuentes de oportunidades de alquiler y reventa:
Fuera del mercado es el único mercado

Sé que estoy machacando con lo mismo, pero no puedo enfatizar este punto lo suficiente. La fuente más común de fracaso en este negocio es tratar de invertir en propiedades que ya están a la venta en el mercado abierto. Eventualmente venderás a través del servicio de registro de propiedades, pero nunca compres de él. Si estás navegando por internet y estás buscando un "imbécil" al que puedas aventajar...bueno, entonces tú eres el imbécil que será estafado.

Estas viviendas tienen un precio demasiado cercano al valor de mercado, si no están sobrevaluadas, así que buena suerte al encontrar el 25% de la plusvalía incorporada que necesitarás para obtener ganancias después de los costos de cierre y tenencia. Incluso si el vendedor cometió un error y subestimó su propiedad, o si están muy motivados y dispuestos a negociar, la competencia por estos llamados "tratos" es demasiado dura, y no tendrás ninguna ventaja sobre todos los demás jugadores En el improbable caso de que superes las probabilidades al ganar la guerra de ofertas y sigas obteniendo ganancias, será un evento único. No es el tipo de estrategia reproducible que puedes replicar infinitamente y escalar para construir un negocio confiable.

Saca la emoción de la ecuación. Incluso he escuchado que algunos profesionales dicen que solo debes comprar casas para inversión en las que te gustaría vivir. Tal consejo me deja pensando. Además del hecho obvio de que tu decisión de comprar debe estar 100% determinada por los números subyacentes, los tipos de propiedades que puedes revender rápidamente tienden a ser unidades de vivienda bastante deslucidas que tienen un atractivo para el mercado masivo.

Pero no importa lo que hagas, nunca olvides que los únicos terrenos de caza reales para la plusvalía se encuentran en las subastas de ejecución hipotecaria y cuando se trata directamente con propietarios en dificultades. Si te apegas a ese principio y ejecutas tus estimaciones de plusvalía cuidadosamente, es difícil *no* ganar dinero en cualquier mercado.

Proceso de ejecución hipotecaria y oportunidades

Como no vas a encontrar una plusvalía significativa en las casas que ya están a la venta en el mercado, entonces trataremos con propiedades que se encuentran en alguna etapa del proceso de pre-ejecución hipotecaria. No tienes que ser un especialista en ejecuciones hipotecarias al principio para aprovechar el sistema, aunque alcanzarás ese nivel de habilidad más rápido de lo que podrías pensar. Mientras tanto, apóyate en tu abogado para cubrir todas las minucias legales. Haz que se ganen la vida.

En este momento, solo necesitas enfocarte en dominar el "panorama general" de cómo encajan todas estas partes móviles y dónde puedes intervenir para agregar valor. En la siguiente fase, reuniremos todas estas estrategias en la práctica paso a paso.

Existen dos tipos principales de ejecuciones hipotecarias originadas por el prestamista, pero ambas conducen al mismo objetivo de vender la casa para pagar la deuda pendiente, la gran mayoría de las veces a través de una subasta pública. Ahora, concentro la mayor atención en ejecuciones hipotecarias judiciales a lo largo de este libro, ya que ofrecen varias ventajas únicas para los inversores. Aun así, la mayoría de estas estrategias, consejos, trucos, así como notas de precaución, se pueden aplicar para evaluar la plusvalía, desbloquear nuevos valores y obtener una ventaja competitiva en ejecuciones hipotecarias no judiciales.

Ahora, el estado en el que estás operando juega un papel importante en tu estrategia de inversión. No es tu tasa de éxito o fracaso, por supuesto que no, sino cuán agresivamente debes buscar ciertas opciones. Por ejemplo, Florida requiere que todas las ejecuciones hipotecarias sean judiciales, donde el prestamista demanda al prestatario para que realice una subasta. En este caso, obtener el título del propietario de la casa y luego retrasar la venta mientras cambia la propiedad o ganar un ingreso de alquiler mientras tanto son estrategias bastante simples y lucrativas.

Por otro lado, California requiere que todas las ejecuciones hipotecarias sean no judiciales, donde el prestamista puede ir directamente a una subasta siguiendo un procedimiento de notificación pública. Dado que es más difícil y costoso retrasar una venta allí, generalmente es una mejor estrategia concentrarte en negociar acuerdos de pago de efectivo por las llaves con el prestamista o posicionarte como el tenedor excedente cuando la propiedad va a subasta para que tengas un apalancamiento de subasta.

Para complicar aún más las cosas, muchos estados permiten ambos tipos de ejecución hipotecaria sin obligar a una u otra, permitiendo que el prestatario y el prestamista decidan los términos del contrato hipotecario. Muy a menudo esto incluye agregar disposiciones especiales de incumplimiento de pago al contrato, lo que puede o no retrasarse en la corte. *Suspiro*. Lo sé, pero te advertí que pasarías un montón de tiempo hablando con tu abogado. Pero no te preocupes. Cuando comprendas los trazos generales y las oportunidades disponibles con cada ejecución hipotecaria, sabrás exactamente qué preguntas hacerle a tu abogado. Eso solo te pone por delante de la mayoría de tus competidores.

Ejecución hipotecaria judicial

Aquí es donde el propietario de la hipoteca presenta una demanda civil contra el prestatario original para recuperar la deuda impaga al forzar la venta de la propiedad. Existen diferencias de procedimiento en cada estado, como la duración de los períodos de redención, el tiempo entre avisos y el papeleo adicional, pero el proceso general funciona así:

1) *Notificación.* Después de 4-6 meses de pagos atrasados, el prestamista presenta un Lis Pendens (notificación genérica de demanda) en el tribunal del condado donde se encuentra la propiedad. Todo esto es un asunto de registro público, ya que sirve para advertir a los compradores en perspectiva de que el título de la propiedad está en disputa y para proteger los intereses del prestamista hasta que se resuelva la demanda (ejecución hipotecaria).

   Para nuestros propósitos, el web scraping de cada demanda entrante es el primer paso en nuestro proceso de generación de clientes potenciales. Este Lis Pendens también incluye la fecha predeterminada y el monto adeudado, que son los bloques de construcción iniciales para estimar la plusvalía para que podamos ver si vale la pena "seguir" la propiedad. Este documento rara vez incluye la dirección de la propiedad, pero esa es una tarea simple de referencia cruzada que podemos automatizar. Más sobre ese proceso más adelante.

Lo importante es que la minería de datos de los registros de Lis Pendens antes de que el tribunal emita un fallo final nos da una gran ventaja sobre todos los demás. Ahora podemos estimar con precisión la carga total de la deuda y el valor de la vivienda, lo que nos da una estimación firme de cuánta plusvalía hay en la propiedad. Luego, seleccionamos la lista de las mejores ofertas y localizamos a los propietarios antes de que cualquier otro inversionista salte sobre el afligido propietario.

Nota: La mayoría de los estados solo requieren el aviso de demanda, pero algunos también quieren que se presente un Aviso de incumplimiento X días antes del Lis Pendens. En ese caso, el aviso de impago servirá para nosotros con el mismo propósito de investigación que el Lis Pendens.

2) *Juicio.* De uno a seis meses después, el tribunal local decide el monto del fallo final para el prestamista, que incluye el saldo pendiente del préstamo, más los cargos por mora, intereses y honorarios de abogados. Esta es la cantidad que el prestamista tiene derecho a cobrar de la venta en subasta de la propiedad. El propietario tiene muchas opciones legales para retrasar este fallo, pero cuanto más tiempo tarde, mayor será el monto del fallo y el prestamista consume más plusvalía.

Ahora estamos en el punto en que la competencia por la propiedad realmente se calienta. En lugar de estimar la plusvalía, muchos inversores en efectivo esperarán hasta que el fallo final se publique antes de acercarse al propietario en una venta en apuros. Por eso es tan importante la minería de datos, la estimación de la plusvalía y el contacto con el propietario lo antes posible. Si aún no has cerrado un trato para obtener el título del propietario, es hora de seguir adelante. El teléfono estará ocupado cada vez que llames y todos los volantes que envíes se perderán en la montaña de tarjetas postales de ofertas de efectivo que salen de su buzón.

3) *Venta.* En la mayoría de los estados de ejecución hipotecaria judicial, el prestamista debe poner la propiedad en subasta pública dentro de un plazo determinado, generalmente alrededor de tres meses. Hoy en día, estas se realizan principalmente en línea a través del juzgado del condado local. Existen variaciones menores en los métodos de subasta entre los más de 3,000 condados en todo el país, pero los aspectos clave son universales.

El prestamista hará la oferta de apertura, que puede ser pública u oculta (una subasta a ciegas).

Si el precio de venta final de la subasta es más alto que el criterio del prestamista, entonces cualquier producto que supere ese monto (llamado excedente) se distribuye a otras partes interesadas a través del sistema de prioridad de gravámenes. Si bien hay algunas excepciones de "súper derecho de retención" de un estado a otro, en general esto significa que todo lo que sobra después de pagar al primer propietario de la hipoteca va a cada titular de gravamen en el orden cronológico en que se registró su gravamen. Si no hay otros gravámenes registrados, el excedente total va al propietario de la vivienda o a un inversor que compró los intereses del propietario.

Si ganas la subasta, deberás realizar un X% del depósito de tu oferta de inmediato. Solo tendrás un pequeño período de tiempo, generalmente menos de 24 horas, para finalizar tu debida diligencia en la propiedad y realizar el pago final o perder tu depósito.

Nota: Aunque es raro, un puñado de estados, como Delaware, utilizan el llamado proceso de "ejecución hipotecaria estricta". En lugar de una subasta, el tribunal establece una fecha de redención final unos meses en el futuro. Si el demandado (propietario de la vivienda) no liquida la hipoteca para entonces, el tribunal adjudica la propiedad total de la vivienda al demandante (titular de la hipoteca). Al igual que un embargo. En este punto, la casa se convierte en bienes raíces en propiedad (REO) que se pondrá a la venta en el servicio de registro de propiedades a precios de mercado.

4) *Redención.* En la mayoría de los estados, si el propietario no ha pagado o liquidado la deuda antes de que comience la subasta, entonces no tiene suerte. Dado que su interés en la casa ha desaparecido, si todavía vive en la propiedad, será desalojado por el nuevo propietario. Sin embargo, algunos estados permiten un período de redención adicional después de la venta final. Este período de espera de redención evita que el nuevo propietario asuma el título completo y revenda la propiedad por un tiempo, a veces tan solo unos pocos días o incluso hasta seis meses.

Oportunidades y desafíos

La mayor desventaja aquí es toda la plusvalía invertida en honorarios legales y lo difícil que es para los inversionistas estimar antes de comprar cuánta plusvalía quedará. Lo que no es tan malo, porque convertir esos dos desafíos en ventajas competitivas es el punto de nuestro proceso de generación de clientes potenciales. Una vez que hayas conquistado esos problemas, encontrarás tres formas nuevas y de bajo riesgo para beneficiarte de las ejecuciones hipotecarias judiciales. Cubriremos estas estrategias punto por punto más adelante, pero aquí está el resumen:

1) En todos los estados, el propietario de la casa puede detener la ejecución hipotecaria en cualquier momento antes de la venta pagando el monto predeterminado y actualizando su cuenta, o liquidando el monto del fallo final si se ha emitido uno.

Aquí es donde entran en juego los inversionistas ángeles como tú, siempre que llegues al propietario rápidamente. Puedes obtener un título barato del propietario de la vivienda, luego poner rápidamente la casa a la venta y pagar la deuda con los fondos del nuevo comprador, o negociar un pago de amortización o un acuerdo de dinero por las llaves directamente con el prestamista.

De cualquier manera, estás obteniendo acceso anticipado a una propiedad antes de que llegue al mercado, lo que te permite convertir la mayor parte de la plusvalía que de otro modo se anularía en una subasta en efectivo en tu bolsillo. Para el propietario, estás eliminando el estrés aplastante y la destrucción del crédito que conlleva la ejecución hipotecaria, al tiempo que convierte su deuda en un trozo de efectivo en su bolsillo. Para el prestamista, están obteniendo una recompensa rápida sin tener que pasar por los gastos, molestias y riesgo de ejecución hipotecaria. Un escenario de ganar-ganar-ganar en todos los ámbitos.

2) Desafortunadamente, no todos piensan tan racionalmente. Algunas personas siempre verán los negocios como un juego de suma cero, lleno de solo ganadores o perdedores. O tal vez sus manos están realmente atadas, como si se tratara de una propiedad multimillonaria hipotecada por un pequeño prestamista no bancario. El único agente de reclamos, que también se desempeña como CEO, sigue recibiendo noticias de sus inversores que amenazan con abandonar el negocio y sacarlo del negocio si se conforma con un centavo menos que el fallo final. Entonces, en este caso, voy a hacerle un favor y ayudarlo a mostrar a sus inversores cuánto están perdiendo por ser tan obstinados. Por lo menos, el abogado del prestamista me va a querer por ayudarlos a comprar un nuevo BMW.

Si por alguna razón el prestamista no quiere cooperar y elaborar un acuerdo de beneficio mutuo, entonces este proceso judicial te brinda abundantes oportunidades para combatir la ejecución hipotecaria. Tu posición legal es bastante fuerte. Usaste una escritura de renuncia para obtener todos los intereses y derechos del propietario sobre la propiedad, menos cualquier acuerdo explícito o implícito de litigar en su nombre, por supuesto.

Todo esto te convierte en una parte con un interés indispensable en la propiedad, que no figura en el Lis Pendens original. Por cierto, te sorprenderás de cuánto tiempo les toma a muchos prestamistas actualizar la demanda para incluso incluirte. Solo uno de los innumerables pequeños errores que cometen que puedes aprovechar en muchos más meses de retraso. Además, nunca firmaste ningún pagaré. No tienen un solo trozo de papel con tu firma. De hecho, ¿pueden producir todos los formularios de divulgación y documentos de respaldo que se remontan al origen del préstamo, incluso de todos los administradores hipotecarios por los que ha pasado? ¿Puede el demandante demostrar que tiene el derecho legal de ejecutar una hipoteca y que no ha violado ninguna ley de protección al consumidor en el proceso?

Después de todo, este es un procedimiento *judicial* en primer lugar. Son el demandante que reclama los daños, por lo que la carga de la prueba recae en ellos. Y lo mejor de todo, en una guerra legal de desgaste, tú tienes la ventaja de la rentabilidad aquí. Las minucias de la estrategia pueden ser bastante complejas, pero las armas que estás disparando son formas relativamente simples y baratas, presentadas justo en el momento adecuado y en un orden particular. Cada salva en este intercambio te cuesta solo una fracción de lo que, al demandante en honorarios de abogados, ya que solo pagas por la preparación y presentación de documentos, mientras que ellos tienen que pasar muchas más horas persiguiendo registros y respondiendo.

Con la estrategia de presentación de movimiento correcta, puedes retrasar la venta por varios años. Por el momento, mi posición defensiva más larga en una ejecución hipotecaria judicial tiene poco menos de seis años, sin un final a la vista. Mientras tanto, puedes hacer lo que estoy haciendo. Alquilar la propiedad con una ganancia generosa, ya que tus gastos generales son prácticamente nulos, mientras ejerces más presión sobre el prestamista para que acuda a la mesa de negociaciones.

3) Bueno, eso fue divertido mientras duró, pero todas las cosas buenas deben llegar a su fin. Tu última moción fue denegada, se estableció una fecha de subasta y el juez te amenazó con daños corporales si pierdes más tiempo con estas tonterías. *C'est la vie.*

En realidad, la diversión recién comienza. Cuando finalmente vayas a una subasta, recuerda que te has hecho cargo del interés del propietario. Lo que significa que tendrás derecho a cualquier excedente en la subasta. Por lo tanto, podrías sentarte y beneficiarte generosamente, incluso mientras te quitan tu interés.

O tal vez todavía queda suficiente plusvalía para hacer que la inversión valga la pena. Por lo tanto, usa tu posición para superar ampliamente a todos los demás y comprar la propiedad, ya que se te devolverá cualquier monto sobre el fallo. Por supuesto, los detalles legales están un poco involucrados y varían de estado a estado. Es por eso que es crucial consultar con tu abogado y asegurarte de que estás haciendo todo bien en tu jurisdicción local, pero eso es una instantánea de la diversión rentable que puedes tener con las ejecuciones hipotecarias judiciales.

Ejecución hipotecaria no judicial o legal

Este es el enfoque simplificado de ejecución hipotecaria que permite al prestamista evitar los tribunales y llevar la propiedad directamente a subasta. Es bastante común en algunos de los mercados inmobiliarios más populares, como Arizona, California, Nevada, Texas y Washington. Existen muchas diferencias de procedimiento entre los estados, pero a grandes rasgos el proceso sigue un simple flujo A) Notificar B) Anunciar y C) Subastar:

1) *Notificación.* Después de al menos cuatro meses de incumplimiento, el prestamista emite un Aviso de incumplimiento al prestatario, pero que también se registra en los registros públicos. Realizaremos minería de datos de estos registros y generaremos nuestros clientes potenciales a partir de ellos como si fueran un Lis Pendens en un proceso judicial. La principal diferencia entre los dos documentos es que habrá más competencia con los avisos de incumplimiento no judiciales.

    Debido a que muchos de estos estados no judiciales no permiten fallos de deficiencia, o solo los permiten más adelante en la ejecución hipotecaria bajo ciertas condiciones, este aviso inicial de incumplimiento es suficiente para que cualquiera pueda calcular la plusvalía. No tendrás la ventaja sobre otros inversores de efectivo como lo harías al estudiar el

Lis Pendens para ejecuciones hipotecarias judiciales, por lo que la clave es utilizar tus datos de manera más inteligente y rápida que todos los demás.

Dado que estamos en una carrera para poner en peligro a estos propietarios angustiados antes de que los inversores en efectivo comiencen una guerra de ofertas, aquí es donde la automatización, el rastreo de evasores y las estrategias de contacto que pronto cubriremos realmente valen la pena.

2) *Aviso de venta fiduciaria*. Por lo general, después de un cierto período de redención para el propietario, generalmente de 1 a 4 meses, el prestamista puede establecer una fecha para la subasta mediante la presentación de un aviso publicitario. Sin embargo, en algunas situaciones, dependiendo de cómo estén estructurados los contratos y los requisitos legales locales, los prestamistas pueden omitir el aviso público de incumplimiento e ir directamente al aviso de Venta Fiduciaria. O emitir un aviso combinado de incumplimiento y venta si el propietario ha estado en incumplimiento durante un período prolongado.

3) *Subasta*. Esta parte funciona igual que las subastas públicas en procedimientos judiciales, con la misma prioridad de gravámenes y el proceso de ofertas. La principal diferencia es que, dado que muchos prestamistas no tendrán un fallo de deficiencia inflado, es más probable que establezcan su oferta inicial bastante alta.

Oportunidades y desafíos

Seguiremos las mismas estrategias generales que en los procedimientos judiciales, es solo que hay menos margen de error porque la competencia es más intensa.

En el lado positivo, este tipo de propiedades embargadas tienen mucha más plusvalía en ellas, ya que no estamos hablando de años potenciales de intereses atrasados y honorarios de abogados añadidos al monto predeterminado. Por otro lado, todos acceden a esa información al mismo tiempo, así que no te sorprenda si el propietario acepta tu oferta verbalmente, pero luego te llama para comparar el trato de otra persona antes de que puedas enviar la documentación. Aun así, si sigues los detalles de este libro y el curso en línea, tendrás una ventaja en estas negociaciones. A diferencia de los otros inversores, no seguirás algunas conjeturas de valor/plusvalía muy defectuosas. Podrás trazar una línea mucho más fina entre la plusvalía y tu oferta máxima permitida y obtener grandes ganancias a pesar de los mayores costos de adquisición.

También tienes un recurso legal para presionar al prestamista a negociar o incluso detener la ejecución hipotecaria, aunque esto es un poco más complicado. En lugar de defenderte, como con las ejecuciones hipotecarias judiciales, tendrás que demandar al prestamista y buscar una orden de restricción temporal o incluso una orden judicial para detener la ejecución hipotecaria. Esto es totalmente diferente a las estrategias judiciales de demora de ejecución hipotecaria, ya que solicitas una decisión inmediata del tribunal en lugar de tratar de posponer una decisión el mayor tiempo posible.

Aun así, estas ejecuciones hipotecarias no judiciales solo permiten al prestamista eludir los tribunales si saltan por varios obstáculos. Por lo tanto, te sorprenderá la frecuencia con la que puedes encontrar una infracción procesal que te brinde un caso legal sólido para al menos obtener una orden de restricción temporal. Una vez que hayas rechazado los planes del prestamista para una venta rápida en una subasta y hayas agregado más tinta roja a su libro mayor, tienden a ser un poco más flexibles cuando te acercas a ellos para un acuerdo de pago de amortización. En cualquier caso, definitivamente necesitarás un fuerte abogado de litigios de ejecución hipotecaria en tu equipo.

Independientemente de si estás trabajando en una ejecución hipotecaria judicial o no judicial, recuerda que solo se están ejecutando los préstamos y que la propiedad es solo la garantía. Lo que significa que es posible tener más de una ejecución hipotecaria simultáneamente, cada una en una fase diferente del proceso. Por lo tanto, es importante mantener búsquedas regulares de cualquier otro Lis Pendens vinculado al activo que estás adquiriendo, incluso si ya has realizado una búsqueda de título.

Revendiendo o alquilando propiedades previas a la ejecución hipotecaria: desde la A a la Z

Fase uno: Evaluación inicial

Así que tomemos un momento para poner todos estos recursos y decisiones en un simple proceso de flujo de trabajo. Puede haber algunas variaciones menores en tu estado o condado al ejecutar cada paso, pero así es como todo se une desde la A a la Z.

Una vez más, el objetivo es encontrar pre-ejecuciones hipotecarias de los prestamistas con plusvalía incorporada, generar clientes potenciales detallados y contactarlos con la menor intervención humana posible de tu parte. Esta debería ser tu plantilla general para encontrar y filtrar todas las ofertas potenciales, pero cubriremos los pasos adicionales específicos para la preparación de subastas y ejecuciones hipotecarias de Asociación de Propietarios en el próximo capítulo.

En realidad, estás ejecutando cuatro programas diferentes de scraper en tres sitios web diferentes, como mínimo. Cada uno de los cuales realiza búsqueda de bits de datos específicos (pull requests) y llena parte del rompecabezas. La mayoría de las veces, todos tus scripts de scrapers automáticos pueden extraer todos estos datos, pero dependiendo de cómo tu condado estructura su sitio web, puede ser necesaria alguna búsqueda humana. En este caso, puedes contratar un asistente virtual barato, como de Upwork, para realizar la búsqueda manualmente y completar los campos de datos faltantes.

Nota: para mantener bajos tus costos, estos son los datos mínimos que necesitas obtener automáticamente. Hay muchos otros puntos de datos que son útiles para estimar la plusvalía, 93 de acuerdo con mi hoja de Excel actual, pero no necesitamos extraerlos todos en esta etapa. La mayoría de ellos podemos completarlos más tarde en la fase de debida diligencia, cuando hemos filtrado la basura, hemos hecho una oferta que ha sido aceptada y estamos buscando la confirmación final de que debemos apretar el gatillo del trato.

Recuerda, aquí solo estamos buscando oportunidades. Encontrar propietarios que no estén bajo el agua y que tengan una plusvalía considerable en su vivienda. Más adelante en el proceso, repasaremos paso a paso cómo profundizar y evaluar manualmente estos posibles tratos.

Paso 1: Encuentra Lis Pendens recientes

El primer objetivo es hacer scraping de todos los registros recientes de Lis Pendens registrados en tu sitio web local de Registros Públicos o del Secretario del Tribunal y enviar los detalles a tu hoja de datos maestra. Si tu estado permite fallos no judiciales, entonces también debes buscar la Notificación de Incumplimiento, que para nuestros objetivos de investigación tiene el mismo propósito que el Lis Pendens.

La gran mayoría de los condados en los EE.UU. mantienen estos registros en un simple sitio web de búsqueda pública que está abierto a todos, pero algunos condados en mercados de viviendas realmente atractivas podrían restringir el acceso de estos avisos particulares a los "profesionales de bienes raíces". En ese caso, solo consulta con tu abogado para obtener una suscripción a un buen servicio local de búsqueda de títulos y listo. Es un costo molesto pero pequeño para hacer negocios, y uno que bien vale la pena.

Los resultados clave que deseas obtener de cada demanda son:

- ID del documento: El número de ID del aviso de Lis Pendens. Dado que muchos de estos documentos tienen todos los detalles importantes incluidos como archivos PDF escaneados difíciles de hacer scraping, necesitaremos enviar el número de documento a nuestros asistentes virtuales para que puedan buscar información manualmente.

- Nombre del demandante: Saber quién está realizando una ejecución hipotecaria, como un banco nacional, un banco local, un prestamista en línea no bancario, otro inversionista o un individuo, te ayudará a estimar el juicio final y las posibilidades de una venta al descubierto.

- Nombre del demandado 1: Si bien esto se extrae del sitio web, asegúrate de que los nombres se llenen en tu base de datos con el nombre y el apellido en celdas separadas para que no haya errores en el paso 2.

- Nombre del demandado 2: Si corresponde, como con un cosignatario o una pareja casada. Más adelante podríamos filtrar estas propiedades de múltiples partes de nuestra lista para reducir el riesgo, pero en este momento estamos buscando datos sin procesar.

- Fecha de registro: Cuándo se registró el Lis Pendens. Asegúrate de copiar la marca de tiempo y la fecha. En algunos casos, puedes tener múltiples ejecuciones hipotecarias golpeando el mismo día.

- Númerode Caso: Para rastrear toda la actividad en la ejecución hipotecaria.

- Fecha de impago: La fecha en que la cuenta entró en impago por primera vez. Cuanto más antiguo sea el incumplimiento, más altas serán las tarifas que debes estimar para el fallo final.

- Monto del impago: Aquí está la deuda restante de la primera hipoteca del préstamo. Más adelante, agregaremos otros gravámenes, impuestos no pagados y una evaluación de juicio final estimada para calcular la plusvalía disponible.

Paso 2: Encuentra la dirección de la propiedad

Dado que el Lis Pendens generalmente no incluirá la dirección de la propiedad, tu próximo script busca en el sitio del tasador de propiedades del condado, utilizando el nombre del acusado como entrada para la "búsqueda de paquete por nombre del propietario" o criterios de búsqueda equivalentes. Este es el paso más probable en el que puedes encontrarte con áreas de búsqueda que dejan algunos campos en blanco. Por ejemplo, el sitio del tasador de la propiedad puede registrar el segundo nombre completo del propietario y la demanda puede dar solo su inicial del segundo nombre. Una vez más, un asistente virtual barato puede llenar los vacíos rápidamente para ti.

Dependiendo de cómo esté estructurado el sitio de tu condado local, es probable que realices dos búsquedas aquí. La primera es para encontrar el **número de parcela**, a veces llamado número de folio.

Con el número de parcela en la mano, puedes ejecutar otra secuencia de comandos en el mismo sitio que buscas ese número de paquete para obtener los siguientes detalles:

- Dirección de la propiedad: Nota: la solicitud de extracción original va a una celda para facilitar la referencia, pero luego los datos deben separarse en diferentes celdas por número de calle/nombre, ciudad, estado y código postal para el paso 3.

- Dirección postal

Además, estos son algunos de los puntos de datos opcionales que te ayudarán a detectar valores atípicos o condiciones especiales. Puedes extraer esto ahora o esperar hasta que hayas escarbado la lista:

- Fecha de compra: La última venta de la casa

- Precio de la última venta

- Número de unidades o camas/baños

- Tipo de propiedad y/o vecindario, como condominios, viviendas unifamiliares, etc. si te estás enfocando en un nicho en particular.

Paso 3: Obtén el precio estimado de Zillow para esa dirección

Esta es la parte más fácil, ya que la API de Zillow permite hasta 1,000 llamadas gratuitas al día. Naturalmente, el estimado de Zillow está lejos de ser perfecto. Especialmente para propiedades fuera de una subdivisión o desarrollo de apartamentos/condominios, pero está bien para nuestros propósitos en el momento de limitar la lista de clientes potenciales a los mejores tratos potenciales.

Una vez que hayas descargado el estimado de Zillow, puedes llenar la celda final en la fila de esa propiedad con el precio de

Zillow menos la cantidad del impago. Etiqueta esto "plusvalía estimada". En este momento estamos usando esto solo para eliminar las casas bajo el agua (cualquier cosa con un valor negativo).

Paso 3.1: Plusvalía estimada

Este campo de plusvalía estimada es la columna más importante en toda tu hoja de cálculo porque este valor decide en qué vas a invertir y cuánto estás dispuesto a gastar. Por lo tanto, calcular la plusvalía después de la evaluación inicial no es algo que desees delegar a un asistente. Una vez que estés listo para comenzar a contactar a los propietarios de viviendas y preparar ofertas, debes ser práctico y verificar dos veces todo. Recuerda, puedes obtener ingresos pasivos fáciles o puedes hacerte rico, pero no ambos.

Lo más importante de todo, tu estimación de plusvalía es un recuento continuo que nunca está realmente "terminado", ya que podrían aparecer cientos de detalles diferentes para mejorar o dañar ese número. Sí, con este enfoque basado en datos, solo estamos trabajando con las inversiones más lucrativas que tienen un colchón significativo integrado de plusvalía en la ecuación, pero no solo queremos minimizar el riesgo, también queremos maximizar la recompensa. Entonces, si te mantienes al tanto de tu plusvalía en cada paso del proceso, podrás controlar tus gastos, saber cuándo debes esperar una mejor oferta o conformarte con lo que tienes, y en el peor de los escenarios, retirarte de un contrato mucho antes de que los gastos alcancen una masa crítica.

Deberás refinar esta estimación para cada propiedad que te interese manualmente cada vez que aparezca un nuevo bit de datos. Sin embargo, como mínimo, querrás actualizar la plusvalía estimada restando cualquier costo nuevo para ti o una nueva deuda de propiedad o cambios en el precio de venta esperado en las siguientes etapas:

- Después de extraer el estimado Zillow y restar de la cantidad de la deuda (Paso 3 aquí).

- Después de realizar tu investigación manual sobre los mejores tratos potenciales (como se describe en la Fase 2 a continuación).

- Después de encontrar y hablar con el propietario para descubrir sus objetivos y puntos críticos, pero antes de hacer una oferta firme (como se describe en la Fase 4 a continuación).

- Inmediatamente después de que se completen las negociaciones y se acepte tu oferta. Deduce los costos de transferencia de nuevos títulos de la plusvalía estimada.

- Después de la búsqueda del título y el recorrido con tus contratistas para determinar el estado de la propiedad y los costos de rehabilitación, pero en la fase de debida diligencia antes de cerrar. Esta es realmente la última oportunidad para que las grandes sorpresas te golpeen, como problemas estructurales con la propiedad o una segunda hipoteca no detectada. Si alguno de estos problemas rompe tu umbral de plusvalía mínima, aún tendrás la oportunidad de retirarte del trato en el último minuto si has estructurado los contratos como se recomienda en la Fase 4.

- Todos los meses que estás reteniendo la propiedad hasta que se venda. Verifica nuevamente el precio de venta esperado y deduce los costos mensuales de tenencia para mantener actualizado el estimado de plusvalía. Si alquilas la propiedad y genera ganancias cada mes.

- Al negociar con los compradores, sigue actualizando hasta que se cierre el trato. Incluso si ofrecen el precio de venta, hay todo tipo de pequeños problemas que pueden cambiar la ecuación de plusvalía. Como la necesidad de ofrecer créditos o efectivo por los costos de cierre para evitar que un comprador con problemas retroceda en el último segundo.

Paso 4: Filtra por plusvalía y tu nicho

Aquí, simplemente ordenas los datos con la plusvalía estimada de mayor a menor. Obviamente, puedes ignorar cualquier cosa con plusvalía negativa. Si la lista es particularmente larga, y probablemente lo sea en cualquier área metropolitana considerable, puedes ordenarla más por tu nicho preferido. Si todavía no estás seguro de en qué centrarte, te recomiendo que ordenes por las casas de mayor plusvalía en las ciudades/vecindarios que sabes que son populares o las casas más nuevas primero o aquellas con la fecha de impago más reciente (probablemente tendrán la menor competencia)

También me gusta eliminar las entradas donde el propietario es una herencia o LLC. Por razones obvias, prefiero tratar con propietarios regulares en lugar de inversores o abogados expertos.

Fase dos: Investigación manual

Ahora viene la parte divertida. Vamos a pasar por esas selecciones atractivas y asegurarnos de que marquen cada bloque en nuestra lista de verificación de inversiones. Esto puede parecer desalentador al principio, pero esta parte es la salsa secreta que te da una gran ventaja sobre la competencia y te ahorra una fortuna al garantizar que no haya grandes sorpresas en el futuro.

Paso 1: Actualiza la cantidad adeudada

Este solo es un proceso de varios pasos, pero es esencialmente una búsqueda de título no oficial. Queremos sumar todas las deudas conocidas y estimar cuál será el monto del fallo final de la ejecución hipotecaria para asegurarnos de que haya suficiente carne en la comida. Si bien es difícil hacer que la carga de la deuda sea absolutamente correcta, generalmente estoy dentro del 5% del monto final del pago simplemente buscando en los sitios web de registros públicos, tasadores de propiedades y recaudadores de impuestos lo siguiente:

- Agrega 1.5 puntos porcentuales a cada mes que la deuda del primer prestamista haya estado en incumplimiento y multiplícala por el monto del impago para estimar el fallo final. Esta es una forma conservadora de calcular lo que esperamos que el prestamista exija para cubrir sus intereses atrasados, cargos por mora y costos legales, así como nuestros costos legales y administrativos al negociar con ellos. Por ejemplo, si la casa entró en impago hace seis meses con un saldo pendiente de $200,000, estimaría que el prestamista quiere $218,000 para pagar la hipoteca.

  Si esto se siente demasiado pesimista, recuerda el viejo dicho: "nada se come tan caliente como se cocina". En la práctica, casi siempre puedes llegar a un acuerdo final fuera de los tribunales por mucho menos dinero, revelando así más plusvalía. Sin embargo, en esta etapa previa a la compra, se trata de gestionar el riesgo presupuestando para los peores escenarios. Este punto aparentemente pequeño nos da una ventaja importante frente a la mayoría de los inversores, ya que podemos estimar la plusvalía mucho antes que ellos.

- Cualquier segunda hipoteca, préstamo HELOC, etc., incluso si aún no están en mora.

- Cualquier otro gravamen, como la Asociación de Propietarios de una casa o las violaciones del código. Verificaremos dos veces antes del cierre para asegurarnos de que no se hayan presentado nuevos gravámenes.

- Cualquier impuesto a la propiedad pendiente. Nota: si el estado del año actual aún no está disponible, supón que no está pagado.

Paso 2: Actualiza el valor de la propiedad

Aquí vamos a utilizar los datos de ventas recientes del tasador de propiedades como un Análisis Comparativo de Mercado (Análisis de Mercado Comparativo) no oficial. Haremos un Análisis de Mercado Comparativo más preciso en la fase final, después de haber contactado con el propietario y confirmar que está interesado en vender a un precio razonable. En este punto, solo estamos buscando asegurarnos de tener suficiente plusvalía en el acuerdo para proceder. Es probable que algunas de tus selecciones atractivas se eliminen en esta fase porque los márgenes son demasiado ajustados, por lo que no queremos perder mucho tiempo aquí.

Puedes ignorar el "valor evaluado" de la casa o "solo el valor de mercado" y mirar las ventas recientes "comparables". Al igual que con un Análisis de Mercado Comparativo integral, estamos buscando al menos tres ventas comparables recientes para tener una idea aproximada de a qué precio podemos vender de manera realista esta casa. También puedes hacer esto en Zillow, pero la oficina del tasador generalmente hace que sea más fácil ver el precio final de venta registrado más preciso, menos los créditos u otras consideraciones. Como mínimo, deseas seleccionar estas ventas comparables para lo siguiente, en orden descendente de importancia:

- Observa solo las ventas normales "calificadas". Desecha todo lo que esté en la lista como problemático, descalificado para evaluación o venta al descubierto.

- Considera las ventas más cercanas a la casa objetivo como las "mejores" ventas comparables. En general, incluso una casa que se vendió en la misma cuadra que tiene un par de años más y un 5% más o menos todavía te da una estimación más cercana que una que coincide perfectamente con la edad y el tamaño, pero a una milla de distancia.

- Hacer coincidir las ventas comparables por el mismo número de unidades/camas/baños es más valioso que el metraje cuadrado, suponiendo que la diferencia de tamaño no sea más de +/- 10%.

Si tus ventas comparables no son coincidencias cercanas, toma el promedio como tu valor esperado. Si son bastante similares, toma el valor más bajo como tu estimación. Es mejor errar por el lado de la precaución en esta etapa.

Nota: Verifica siempre que la descripción legal entre Lis Pendens o Aviso de Impago coincida exactamente con lo que se muestra en el sitio del tasador de la propiedad. Te sorprenderá la frecuencia con la que incluso un prestamista importante intenta ejecutar una hipoteca sobre la casa equivocada. O podría tener la casa correcta, pero dejaron un pequeño error tipográfico que requiere una actualización del Lis Pendens. Un poco de información útil para tener a la mano en caso de que necesites retrasar la ejecución hipotecaria más tarde.

Entonces, cuando sumes todo esto, tendrás una estimación mucho mejor de la plusvalía involucrada y el precio que debes ofrecer, y tendrás esto a mano mucho antes de que cualquier otro inversionista haga una oferta. La mayoría de los revendedores prefieren esperar hasta que llega el fallo final antes de ver estos números, por lo que estás por delante de la curva. Ahora puedes aplicar tu regla 70/30 u otra medida para calcular tu oferta máxima permitida, con exponencialmente más confianza y menos riesgo.

Por supuesto, todos estos datos avanzados no servirán de mucho si no puedes contactar al propietario más rápido, más inteligentemente y con más tacto que cualquier otro inversor.

Fase tres: Generación de clientes potenciales

Paso 1: Rastreo de evasores

Necesitamos más información de contacto que solo la dirección postal. Aquí está la parte en la que muchos inversores que de otro modo son increíblemente minuciosos desperdician su ventaja. La dirección de correo es información pública, por lo que todos envían volantes de correo postal. Claro, tal vez el tuyo sea el primero, pero aún es solo una carta más en una pila de ofertas en efectivo, suponiendo que incluso se molesten en abrirla después de leer sus facturas y otro correo basura.

Si deseas una ventaja que garantice que te destacarás de la manada, cierres las ofertas más rápido y a un costo menor, entonces debes hacer un esfuerzo adicional. Vas a hacer lo que la mayoría de los inversores no se molestan. Vas a contratar un servicio de rastreo de evasores para obtener los números de teléfono de estos prospectos antes que nadie.

Ahora, me doy cuenta de que "rastreo de evasores" es un término cargado con connotaciones negativas que a menudo hace que los nuevos empresarios sean aprensivos, pero este no es un paso opcional. No somos cobradores de deudas ni cazadores de recompensas. No estamos haciendo nada ilegal o incluso en un área gris legal. La única información que estamos recopilando son los números de teléfono actuales listados públicamente asociados con una dirección en particular. Nuestra investigación es mucho menos invasiva que mirar la página de Facebook de alguien, por ejemplo, ya que solo buscamos un único punto de datos: su número de teléfono. Este es el mismo proceso de generación de clientes potenciales que millones de empresas en otras industrias utilizan a diario, sin embargo, por alguna razón, no se ha desarrollado tan bien en el mundo inmobiliario.

Lo cual es genial, porque significa aún más oportunidades para ti. Incluso si estás compitiendo con algunos inversores de primer nivel en tu mercado local, entonces el rastreo de evasores es aún más crítico ya que la velocidad y el tacto decidirán al ganador.

Utilizo LexisNexus para este servicio, pero hay muchas empresas que pueden ofrecer resultados similares. Dado que la tarea es relativamente simple, estás buscando una compañía que pueda generar informes en 24 horas por solo unos pocos dólares por persona de interés (POI). Independientemente de la compañía que planees contratar, haz hincapié en cuatro cosas cuando te comuniques con ellos para obtener la mejor cotización:

- Tienes el nombre legal completo y la dirección reciente de cada POI.

- Solo necesitas números de teléfono asociados con ese nombre y dirección. No se requiere otra información.

- Eres un cliente de gran volumen, con decenas a cientos de solicitudes cada mes.

- Estás buscando un plan de pago recurrente basado en suscripción para mantener bajos los costos, en lugar de un plan de pago por cada uso.

Paso 2: Gestión de relaciones con los clientes (CRM) e integración de asistente virtual

En este punto, tienes varias hojas de Excel llenas de datos. Necesitamos importar todo lo que hemos reunido hasta ahora, incluidos los números de teléfono entrantes, en tu programa CRM preferido. Además de mantener las cosas organizadas, esto también nos permitirá automatizar, delegar y rastrear los contactos iniciales del cliente. Lo que te libera más tiempo para investigar propiedades y encontrar nuevas ofertas potenciales.

Hay un montón de programas CRM disponibles que puedes usar para este paso. Creé mi propio programa personalizado, que en mi curso en línea les muestro incluso a los no codificadores cómo duplicar, pero eso es opcional. Si optas por una solución de terceros, la característica más importante es asegurarte de que incluya llamadas de voz por Internet (VOIP) incorporadas.

Tu módulo CRM será tu banco de teléfonos y el único depositario de toda la información del cliente. Si algún detalle nuevo sobre el cliente o la propiedad sale a la luz más tarde, asegúrate de actualizarlo aquí en lugar de simplemente guardar notas en otro lugar. Tienes una gran ventaja de datos en este momento; una atractiva lista de clientes potenciales de vendedores previamente investigados y motivados con una plusvalía considerable en sus casas que ni la mayoría de los agentes locales conocen. Por lo tanto, la organización es clave para aprovechar al máximo estos datos.

Uno de los errores más comunes en este momento es realizar llamadas de seguimiento o correos electrónicos a clientes potenciales fuera del programa. Cada llamada telefónica, mensaje de texto y correo electrónico desde el contacto inicial hasta el cierre final debe pasar por este portal de comunicaciones CRM. Incluso los detalles de cualquier conversación cara a cara fuera de línea deben anotarse y rastrearse en tu CRM. Estás lidiando con una tonelada de clientes potenciales, cada uno con una cantidad considerable de datos que necesitan ser rastreados, y tal vez incluso múltiples puntos de contacto.

En la misma sintonía, es importante que tengas un humano en vivo disponible para responder a los clientes potenciales 24/7. Es una pena en este momento perder una llamada telefónica o tomar demasiado tiempo para responder una pregunta. Queremos generar clientes potenciales para nosotros mismos, no para todos los demás. ¿Qué pasa si tu mensaje SMS inicial despertó su interés, pero no pueden comunicarse contigo de inmediato? Así que se conectan en línea y buscan en Google "vender mi casa como está por dinero rápido" y silban ante todos los resultados. Puedes apostar que uno de esos servicios responderá de inmediato, sin siquiera enviarte una nota de agradecimiento por generar negocios gratuitos para ellos.

Debes tener asistentes virtuales adicionales listos con scripts para responder después de las horas de trabajo o durante los períodos de "desbordamiento" cuando tú y tus asistentes principales estén ocupados en otras llamadas. Ya sea que contrates agentes dedicados a través de Upwork o contrates a una empresa de terceros con su propio centro de llamadas, necesitas a estas personas con anticipación y armadas con respuestas a preguntas comunes.

Una nota final: Tu rastreo de evasores a menudo devolverá múltiples números de teléfono y nombres asociados con una dirección. Por lo general, los miembros de la familia que en un momento u otro utilizaron esta dirección de propiedad en una base de datos pública. Por lo tanto, es importante organizar a tus clientes potenciales por la dirección de la propiedad, con cada número o dirección de correo agrupados bajo ese cliente potencial como punto de contacto.

Ejemplo de carta de contacto inicial

Sé que critiqué los correos físicos antes, pero son una herramienta útil de divulgación en algunas situaciones. Especialmente si tienes problemas para recibir una llamada de tus mensajes de texto.

Estimado <nombre_del_propietario><apellido_del_propietario>,

Mi nombre es ____. Trabajo para una compañía de bienes raíces que representa una red de inversores en todo el estado. Me pongo en contacto con usted hoy porque uno de mis clientes evaluó el estado de su vivienda y me pidió que le enviara una oferta en efectivo "tal cual" para su propiedad en <dirección_del_propietario>.

Parece que <nombre_del_demandante> ha comenzado un proceso de ejecución hipotecaria contra su casa en el juzgado del condado de __. Entiendo cuán injusta y frustrante debe ser esta situación para usted, por eso mi cliente está dispuesto a ayudar comprando su propiedad 100% tal cual con un pago en efectivo. Inmediatamente se harán cargo del préstamo hipotecario y todos los demás gravámenes o impuestos adeudados sobre la propiedad.

Si no tiene interés en mudarse y solo se ve obligado a abandonar su hogar debido a la ejecución hipotecaria y al desalojo inminente, tenemos varias opciones para ayudarlo a permanecer allí libre de deudas. En algunos casos, incluso podemos comprar la propiedad y arrendársela a un precio de alquiler razonable. Sin embargo, en todos los casos, asumiremos la deuda de la propiedad, lo que lo liberará por completo de la carga financiera que enfrenta actualmente, así como también le pondremos efectivo inmediato en el bolsillo a cambio de asumir la propiedad de la casa.

Tenga en cuenta que mi cliente solo puede llegar a un acuerdo antes de que se complete el proceso de ejecución hipotecaria. En ese momento, el banco tomará el control y pondrá la casa a la venta en una subasta. Como solo tiene un corto período de tiempo para encontrar una solución a este problema, es importante que se comunique conmigo por teléfono a ___ o por correo electrónico a ___ lo antes posible. Incluso si ha encontrado un buen abogado para luchar contra el banco, no está de más saber cuáles son sus opciones de respaldo. Así que no dude en enviarme cualquier pregunta que tenga, ya sea grande o pequeña.

Fase cuatro: Hacer contacto y enviar ofertas

Sé que hemos cubierto mucho terreno y parece que tenemos tantas trivialidades para rastrear, pero una vez que hayas pasado por este proceso varias veces, se convertirá en una rutina fácil. Nunca volverás a las costosas campañas de correo directo ni a la compra de clientes potenciales obsoletos a través de empresas de terceros. Recuerda, el trabajo real es simplemente configurar el software, los scripts, el flujo de trabajo del asistente y la infraestructura general en primer lugar. Una vez que tu sistema esté en su lugar, todo esto puede ejecutarse automáticamente, con tu asistente completando los detalles faltantes.

Tu trabajo consiste simplemente en examinar las mejores opciones y verificar dos veces la plusvalía/valor. Deja que otros se encarguen del trabajo sucio de la minería mientras pasas tu tiempo como joyero, estudiando y evaluando estos diamantes en el lodo por valor.

Ahora da un paso atrás y mira todo lo que has hecho en perspectiva. Puede parecer solo un montón de trabajo administrativo y procesamiento de números, pero has logrado algo que la mayoría de los inversores inmobiliarios e incluso los agentes profesionales envidiarían. Tómate un segundo para saborear los frutos de tu trabajo. En un par de horas, has reunido una lista confiable y ultra detallada de puntajes de atractivos clientes potenciales de pre-ejecución hipotecaria que pocos, si algún inversor, conoce...y estás enviando los mensajes al teléfono celular de los propietarios el *mismo día* en que se publica el Lis Pendens.

La ventaja competitiva que acabas de crear de la nada no puede ser exagerada. Por ejemplo, incluso muchos de mis clientes descubrieron por primera vez que se estaba realizando una ejecución hipotecaria, a veces días antes de que el mensajero de la corte pudiera notificarles sobre la demanda. Y lo mejor de todo, mucho antes de que cualquier otro inversor inmobiliario de propiedades en dificultades pudiera contactarlos y aumentar el precio.

Convertir clientes potenciales en clientes: Donde el caucho se encuentra con el camino

Con todo listo, ahora podemos comenzar a contactar a estos propietarios y abrir negociaciones. Una de las mejores cosas aquí es que podemos enviar mensajes de texto por lotes personalizados e incluso cartas físicas con poco esfuerzo humano. Simplemente crea plantillas en tu CRM y deja que el sistema ingrese la información personalizada para cada contacto. Luego puedes contactar a cientos de clientes potenciales con solo presionar un botón. Además de ahorrarte a ti y a tus asistentes una gran cantidad de tiempo, esto ayuda a garantizar que puedas comunicarte con estos clientes potenciales minutos después de recibir su información.

Dicho esto, la forma en que abordas inicialmente las perspectivas, los métodos generales, el contexto y la redacción exacta, deben considerarse tan cuidadosamente como todo lo demás que haces. Por alguna razón, veo tantos inversores inteligentes que envían mensajes de texto breves e informales o folletos generales no personalizados. Me pregunto por qué incluso se tomaron la molestia de buscar clientes potenciales en primer lugar si van a poner tan poco esfuerzo en convertir estos prospectos.

Paso 1: Prueba tus puntos de contacto para encontrar al tomador de decisiones principal

Muy a menudo, tu rastreo de evasores devolverá múltiples números de teléfono y no siempre está claro cuál lleva a alguien calificado para vender la casa. Es probable que haya números de teléfono para familiares, ex-parejas, socios comerciales o incluso vecinos mezclados en la lista. Entonces, si hay alguna ambigüedad sobre con quién te estás contactando, el primer paso es enviar un mensaje de texto por lotes a cada número para encontrar al tomador de decisiones principal.

Obviamente, esto requiere un poco de delicadeza, ya que incluso si el propietario está listo para vender, legítimamente podría molestarse si estás divulgando detalles de su situación financiera a terceros.

Por lo tanto, este mensaje de contacto inicial debe ser neutral, con poca información, pero lo suficientemente interesante como para asegurarse de que respondan. Todo mientras evitas cualquier signo de "correo basura". Lo que es más fácil de lo que suena, ya que ya hemos recopilado mucha información sobre el cliente potencial.

Nota: existen algunas regulaciones federales que rigen este tipo de "llamadas en frío", que se reducen al sentido común y la decencia humana. Por ejemplo, solo contacta entre las 8 am y las 9 pm, no tergiverses tu servicio y respeta el derecho del cliente potencial a ser eliminado de tu lista de contactos si lo solicitan. Al igual que con todas las estrategias descritas en este libro, es importante verificar que tus leyes locales y estatales no tengan restricciones adicionales.

Ejemplo para encontrar el SMS del propietario:

> "Hola, estoy tratando de comunicarme con <Nombre/Apellido_demandado_1> o <Nombre/Apellido_demandado_2> en nombre de mi cliente, que está interesado en comprar su propiedad lo antes posible. Solo tenemos un corto período de tiempo antes de que él invierta en otro lugar y no estoy seguro de tener el número de teléfono correcto. Gracias por su tiempo y asistencia. - [Tu nombre completo y nombre de la compañía]"

Hay muchas formas en que puedes expresar esto, pero los temas clave que debes abordar son:

1. Dirigirte a quién estás tratando de contactar, en lugar de quién eres, lo que generalmente desarma la respuesta de "correo basura" de la mayoría de las personas a los mensajes no solicitados.

2. Sigue con una descripción breve pero interesante y urgente de tu oferta. Es importante transmitir la urgencia sin ser agresivo. Evita la redacción similar al correo basura, como "en condición tal cual" u "oferta en efectivo". Siempre apunta a términos sin emociones, como el uso de "propiedad" en lugar de "hogar".

3. No hagas preguntas de "sí/no". Si no hay una opción de acción inmediata para que tomen en respuesta, tendrán que pensar qué hacer en lugar de decir que no reflexivamente y

eliminar el mensaje de texto. La mayoría de las personas volverán a leer el mensaje para asegurarse de que entienden su significado, dando una mejor oportunidad de que tu mensaje se asimile. El compromiso simple es el objetivo en este punto y todo esto aumenta la probabilidad de que respondan con preguntas de seguimiento.

4. Para reiterar: no hagas mención explícita o incluso implícita de "deuda" o "ejecución hipotecaria" o cualquier otro punto negativo hasta que estés 100% seguro de que estás hablando con el propietario y lo haces en privado. Esto significa incluso identificarte como un "experto en ejecuciones hipotecarias". Estos son temas delicados y las personas con las que te contactas no suelen estar de buen humor. No importa cuán grande sea tu oferta si los insultas al airear su ropa sucia frente a los demás.

Paso 2: Aprende el juego del propietario

En este punto, deberías haber encontrado al propietario principal y establecido un contacto rudimentario. Esto podría ser tan simple como una respuesta de "Sí, ese soy yo", pero al menos ahora tienes el pie en la puerta. Ya sea que se trate de una ejecución hipotecaria judicial o legal, tú estás a años luz de todos los que confían en una campaña de divulgación de correo postal, y lo hiciste a una fracción del costo.

Ahora, sabemos cuál es la situación general del propietario y cuánto podemos gastar en comprar la casa, pero eso aún no es suficiente para hacer una oferta definitiva. Antes de que podamos cotizar una cifra, necesitamos conversar por teléfono con el propietario y encontrar algunas piezas clave de información. El objetivo en este momento no es preguntarles si están dispuestos a transferir el título o no. Si están motivados para vender lo antes posible, te lo informarán de inmediato. La mayoría de las veces, no están listos para vender por alguna razón, o de lo contrario habrían vendido la casa mucho antes de que el banco llamara. Necesitamos descubrir qué obstáculo hay en el camino y cómo podemos ayudarlos.

Y no puedo enfatizar eso lo suficiente. No eres una hiena que recorre las llanuras en busca de cadáveres frescos que recoger; eres un inversionista ángel que viene a salvar almas perdidas y heridas. Tal vez creas que esto suena cursi o ingenuo, pero funciona. Si no estás legítimamente dispuesto a ayudar con sus circunstancias únicas, incluso si eso significa separarte de un poco más de dinero del que originalmente estimaste, entonces te perderás el matiz de lo que están diciendo y todas las oportunidades que conlleva. Sin mencionar que notarán tu comportamiento antipático y de "tiburón acechante" y tendrán la guardia alta. Cuanto más empático seas, más probabilidades tendrás de establecer una verdadera relación y confianza. No tienes que ser su mejor amigo ni incluso gustarles, pero si realmente puedes ponerte en el lugar de tu cliente potencial y pensar en lo que te gustaría escuchar si tú y tu familia estuvieran en su situación, entonces sobresaldrás en estas conversaciones. Ese es el secreto simple de una gran capacidad de venta en cualquier industria allí mismo.

Entonces, nuestras preguntas durante esa llamada inicial deberían centrarse en aprender sus necesidades específicas y probar soluciones. Una vez que descubras su plan de juego, puedes hacerles una oferta que solucione su problema en lugar de solo negociar hasta tu oferta máxima permitida. Puede parecer una distinción menor, pero este matiz es crucial para revelar aún más plusvalía en el trato.

Paso 3: Respuestas más comunes de propietarios angustiados y soluciones simples

Respuesta 1: El propietario comprende la cantidad de plusvalía que tiene en la casa y se niega a vender con un descuento considerable.

Solución: Descubre su juego final. ¿Esperan negociar algún acuerdo con el banco o una venta de casa tradicional? Señala gentilmente cómo ese barco ya zarpó. Haz hincapié en cómo su plusvalía se evapora rápidamente con todos los intereses adicionales y los honorarios de abogados, además de que necesitarán efectivo adicional para preparar la casa para la venta, todo mientras compiten contra el reloj de la ejecución hipotecaria. Agrega los honorarios de los agentes y que no hay tiempo para esperar una buena oferta y tendrán suerte de que les quede algo de plusvalía.

Y no solo hables en abstracto. Muéstrales los números que corriste en su casa. Comparte tu información sobre la deuda estimada del fallo final y el precio realista de venta rápida de viviendas (no solo el valor actual). En la mayoría de los casos, una venta rápida en efectivo realmente los dejaría con mucho más dinero en sus bolsillos, sin todo el riesgo o el estrés. La forma más rápida de convencerlos es mostrarles tus datos.

En el peor de los casos, terminas perdiendo todo tu espacio de negociación y pagas el mejor precio por la propiedad. No importa, ya que aún incluiste al menos un colchón de plusvalía del 25% en el trato o no los habría llamado. La clave es que todavía estás convirtiendo este atractivo cliente potencial y cerrando el trato rápidamente, antes que nadie. Ganancias más pequeñas, pero acuerdos rápidos y seguros son una excelente manera de construir un imperio inmobiliario sostenible.

Respuesta 2: El propietario dice rotundamente que no tienen interés en mudarse, sin importar el precio que ofrezcas. El vendedor se niega a irse por razones sentimentales o de otro tipo y planea "conseguir un abogado para luchar contra esos HDP".

Solución: No hay problema. Esto puede parecer un factor decisivo al principio, porque todo lo que están haciendo es retrasar la inevitable ejecución hipotecaria y, mientras tanto, disminuir la plusvalía. Y no, no es la oportunidad de reventa ideal, pero todavía hay mucho dinero para todas las partes en esta situación. También es el tipo de escenario en el que realmente podemos brillar como inversores ángeles comprando la escritura y ofreciendo alquilar la casa a las tasas actuales del mercado.

En lugar de tratar de cambiar su opinión, señalaré cómo es una gran idea. Cuando otros inversores retrocedan en este momento o mencionen todos los defectos de su plan, voy a trabajar con el propietario y ayudarlo a hacer realidad su sueño. Ofreceré algunos consejos sobre el enfoque de demora de ejecución hipotecaria y explicaré cómo, si consiguen un buen abogado que realmente trabaje en su interés, podrían retrasar la ejecución hipotecaria durante años.

Aún mejor, después de haber establecido una pequeña relación y tener una comprensión general de todo lo que está involucrado, ofreceré una opción de arrendamiento posterior. Asumiré el título y pelearé con el banco en su nombre. Pagaré todos los honorarios de abogados y les devolveré el lugar con una renta mucho más baja que su hipoteca actual.

En lugar de enfrentar años de crecientes facturas legales, estrés e incertidumbre, que solo culminarán en una ejecución hipotecaria que destruirá su crédito y un eventual desalojo, puedo hacer que todos esos problemas desaparezcan ahora. No tienen que mudarse e interrumpir su vida. Incluso puedo endulzar el bote lanzando un bono en efectivo inmediato. Convirtiendo su deuda paralizante en una rápida reserva de fondos.

Ahora, sé lo que estás pensando en este momento. "¿Por qué querría un inquilino con un historial de pagos tan pobre?" Y es cierto. La desafortunada realidad es que la mayoría de los propietarios que no pueden o no quieren pagar su hipoteca no van a pagar el alquiler, incluso si el precio baja significativamente.

Si siguen pagando a tiempo y en su totalidad, genial. Esa renta es principalmente una ganancia para ti, ya que tus costos de tenencia son prácticamente nulos. Es probable que también recuperes tu miserable inversión inicial en solo unos meses. Y aún tienes muchas opciones para un gran "día de pago" en el futuro, ya que puedes negociar un pago de amortización con el banco, vender al por mayor a otro inversionista enfocado en el alquiler o incluso volver a comprar la propiedad con un descuento durante la subasta de ejecución hipotecaria.

Sin embargo, con demasiada frecuencia, el propietario termina en incumplimiento en solo dos o tres meses después de comenzar el nuevo contrato de arrendamiento. Has hecho todo lo posible para ayudar, pero es hora de cancelar el contrato de arrendamiento y activar tu orden de posesión. Dependiendo de cuán estrictas sean las leyes de desalojo en tu estado, debes tener la casa limpia y lista para venderse en el mercado dentro de unos pocos meses. En mi curso en línea, cubro las minucias legales de cómo estructurar de manera segura estos contratos de arrendamiento y evitar problemas por adelantado.

Respuesta 3: El propietario quiere vender, pero carece de los medios financieros para reubicarse.

Solución: Este es uno de esos escenarios ideales que te permite negociar en relación con lo que necesita el propietario, en lugar de solo contra tu mejor oferta. En esta situación, generalmente el propietario tiene una deuda más urgente que la hipoteca, por lo que está dispuesto a "dejar algo de dinero sobre la mesa" si eso significa obtener efectivo rápido.

Digamos que tu investigación te permite una oferta de primera línea en una propiedad a $30,000. Planeas abrir con $15,000 y luego negociar desde allí. Sin embargo, una vez que comienzas a hablar con el cliente potencial y tienes una idea de la situación de su vida, te das cuenta de que están realmente motivados para vender. Por ejemplo, cuando siguen preguntando qué tan rápido es este proceso. Entonces, en lugar de una negociación tradicional, profundizas y les preguntas exactamente qué obstáculos hay en el camino para que se muden. Luego cuentas esos gastos con el cliente.

Necesitarán un depósito de seguridad para su nuevo lugar, más el alquiler del primer y último mes. También deberíamos conseguir una compañía de mudanzas para acelerar las cosas. ¿Y qué hay de los pagos de su automóvil? ¿Están detrás? En la mayoría de los lugares de Estados Unidos, recuperar tu auto es aún peor que la ejecución hipotecaria. ¿Cómo van a llegar al trabajo?

Así que juntos han sumado $10,000 en gastos. Luego mencionas que puedes manejar eso. Incluso completando con otros $5,000 en dinero para que el propietario pueda celebrar y regalar a su familia unas pequeñas vacaciones. Y, naturalmente, tú cubrirás todos los costos de cierre.

Ahora tu oferta de "bola baja" parece increíblemente generosa. Muy buena para dejarla ir. Después de todo, esta sigue siendo una situación beneficiosa para todos. Tal vez podrían esperar un mejor trato, pero nadie entiende sus problemas mejor que tú. Y te ofreces hacer desaparecer todos sus problemas, para cambiar su vida *hoy*. Tendrás el papeleo terminado y el efectivo en su bolsillo en solo 48 horas. Ese es el tipo de lanzamiento que los mueve a la acción rápida. Incluso si aparece un nuevo inversor y le ofrece $20,000, es difícil para la mayoría de las personas alejarse de un pago inmediato por la promesa de uno ligeramente mayor en el futuro.

Respuesta 4: El propietario intenta iniciar una guerra de ofertas. A pesar de que te has movido más rápido que la mayoría de los inversores y agentes, el propietario se ha acercado de manera proactiva a varios compradores de propiedades con problemas y solo quiere conocer tu oferta máxima. Cualquier número que cotices, volverá a llamar pronto con una oferta real o imaginaria de otra persona que siempre es un poco más alta que la tuya.

Solución: Chico, oh chico, he quedado atrapado en el fuego cruzado de innumerables guerras de ofertas. Especialmente cuando un propietario busca activamente ofertas y todos pululan por este nuevo cliente potencial "popular". En este entorno, es muy fácil para los profesionales fríos y tranquilos dejarse atrapar por el juego y cometer errores con carga emocional. Entonces, cuando escuches los primeros disparos, debes permanecer neutral como una roca sólida. Tú eres Suiza, te estás haciendo rico en silencio mientras todos los demás lo están perdiendo y perdiendo dinero, incluso cuando ganan una guerra.

Una vez que te des cuenta de que estás tratando con un cliente serio y bien informado, dale tu mejor oferta y cúmplela, pase lo que pase.

Una vez que el propietario se dé cuenta de que te mantienes firme en tu precio, intentará todo tipo de cosas para tentarte. Un negociador inteligente intentará presionar tus botones y hacerte dudar de ti mismo. "Sabes, ¿qué tan seguro estás en tu estimación del valor de mi casa? ¿No es una suposición conservadora de todos modos? Si pudieras ceder un *poco* en tu mejor oferta, podríamos hacer que este trato suceda en este momento y aun así ganarás mucho dinero".

Eso puede sonar razonable, pero un poco nunca es suficiente. Si subes tu precio medio punto porcentual, te pedirán un punto completo mañana. Y otro, y otro más. Pronto, estás muy por encima de tu nivel de tolerancia, pero también estás tan cerca de cerrar el trato. Ya has invertido tanto tiempo, y tal vez estabas siendo demasiado pesimista en tu valoración...

No. Simplemente. No lo hagas.

No racionalices nada. No dudes de ti mismo. Cuando escucho los tambores de una guerra de ofertas o cualquier otra historia salvaje de un propietario, es cuando mi empatía se desvanece. Todo lo que pasa por mi cabeza es "Bla-bla-bla". Una vez que sé que estoy lidiando con un cliente potencial inteligente que tiene tiempo para juegos, es hora de mostrarles que no tengo tiempo libre para jugar. Mi respuesta estándar es:

"Lo entiendo, pero por favor ten en cuenta que mi cliente es un comprador activo con múltiples proyectos de inversión en proceso. He cerrado muchas compras con ellos y puedo asegurarte que no se desviarán del presupuesto bajo ninguna circunstancia. Entonces, lo que te estoy ofreciendo es el mejor precio que podemos manejar. Puedo mantener la tasa en su lugar durante 48 horas, pero después de eso tendremos que bajar el precio, ya que la plusvalía disponible en tu propiedad se está reduciendo rápidamente a medida que se acerca la ejecución hipotecaria. Si estás interesado, puedo preparar todos los términos y formularios para que los revises y enviártelos por correo electrónico por la mañana".

Si el trato es realmente atractivo, haré un seguimiento unos días después para olfatear el aire y ver si algo ha cambiado, pero eso es todo. Es importante mantener todo lo que dices. Haces la mejor oferta de buena fe que puedes tolerar y no te molestes con ningún juego. Ignora los engaños y simplemente deja tus cartas sobre la mesa. De lo contrario, ya no eres un inversionista ángel y te conviertes en otra persona vendedora más.

Respuesta 5: Una pareja casada tiene un título conjunto. Uno quiere aceptar tu oferta, pero el otro no. Quizás incluso se haga más complicado si la relación está en peligro y un cónyuge se ha mudado.

Soluciones: Idealmente, hubiéramos evitado este problema en la fase de filtrado de clientes potenciales al centrarnos en Lis Pendens con un solo acusado. En general, deseas tratar con la menor cantidad posible de partes interesadas, pero a veces verás una casa con tanta plusvalía que estás dispuesto a asumir estas complicaciones adicionales.

Sí, al final del día, la pareja tendrá que resolver la decisión por su cuenta, pero hay algunas cosas que podemos hacer para ayudar. Si se trata solo de una disputa doméstica típica, aprendemos el juego final de la persistencia. Averigua qué es lo que él o ella más quiere y cómo podemos hacer que eso suceda, al igual que con las respuestas anteriores. No es necesario decir que es importante mantenerte alejado, centrarte en las soluciones y no darles la impresión de que estás de acuerdo o en desacuerdo con su pareja.

Si la pareja está en proceso de divorciarse, entonces debería ser aún más fácil convencerlos de que vendan rápidamente. Pide hablar con sus abogados. Sé que suena raro, pero me encanta tratar con abogados. Tal vez pierdo un poco de ganancia en los márgenes, pero sé que las cosas irán mucho más suaves y rápidas. Además, tengo un nuevo socio en el trato que presionará a sus clientes a aceptar mi oferta "generosa". Siempre debes centrarte en el panorama general para sobrevivir y prosperar a largo plazo.

Respuesta 6: Hace tiempo que el propietario se mudó y dejó de pagar la hipoteca, mientras alquilaba la casa. Quizás incluso en un contrato de arrendamiento a largo plazo. El desafortunado inquilino no tiene idea de que la propiedad se enfrenta a una ejecución hipotecaria.

Solución: Esta es definitivamente una situación de bendición mixta. En el lado negativo, estás comprando el arrendamiento y sus responsabilidades asociadas (es decir, equipaje), así como la escritura. Y a diferencia de cuando alquilas una propiedad al propietario original, el inquilino actual no tiene una motivación particular para mantener la casa en buen estado. No están obteniendo dinero extra del trato. En el lado positivo, el propietario ausente generalmente está mucho menos apegado a la propiedad y es más susceptible a una venta con descuento. Además, el inquilino probablemente ha sido examinado y es mucho menos probable que incumpla.

Aun así, siempre y cuando respete los términos del contrato de arrendamiento y tengas una estrategia de defensa de ejecución hipotecaria sólida, puedes tratar esto como una ejecución hipotecaria de Asociación de Propietarios. Explica la situación a tu nuevo inquilino. Puede que no sean comprensivos, pero no tienes nada que perder si los tratas con respeto. Asegúrate de tenerlos en un contrato de arrendamiento mensual tan pronto como sea posible. Agrega un poco más al depósito de seguridad, pagado de tu propio bolsillo, siempre puede contribuir en gran medida a garantizar una transición sin problemas para el inquilino. Una vez más, no pierdas de vista el panorama general por mil o dos mil en efectivo.

Paso 4: Descubre lo que te estás perdiendo

Una vez que tu cliente potencial se haya calentado, probablemente comenzarán a presionarte para que hagas una oferta firme. Antes de hacerlo, deseas obtener un poco de información de ellos. Si tienes el tiempo y/o el acuerdo parece particularmente lucrativo, entonces programa una visita contigo, tu inspector de casas o el contratista.

Como mínimo, deseas enviar información al propietario sobre cualquier otro costo oculto. Asegúrate de enfatizar que estos no son un "gran problema", sino que simplemente estás "marcando las casillas de verificación en el formulario".

Deseas saber sobre lo siguiente, pero el truco es no hacer preguntas directas, de sí/no. En cambio, mantente abierto a preguntas abiertas que requieren que tomen un momento y piensen en su respuesta. Independientemente de lo que digan, obviamente puedes leer volúmenes de sus pausas u otros signos de vacilación.

Posibles violaciones del código de construcción.

Esta es sin duda la mayor sorpresa que encontrarás con una propiedad. La mayoría de las veces, el propietario simplemente hizo un trabajo de mejora relativamente menor en su hogar y nunca se molestó en obtener un permiso. Ni el propietario ni el condado saben todavía que hay una violación del código, pero puedes apostar que saldrá más tarde. Por lo general, en el peor momento posible cuando estás tratando de revender la propiedad, ya se alineó un comprador y tu inspector de viviendas encuentra renovaciones no autorizadas que asustan al proveedor del préstamo del comprador. Luego debes hacer las reparaciones apresuradas y costosas a toda prisa, ya que estas multas por renovaciones sin licencia se evalúan a diario y se suman rápidamente.

En el lado positivo, descubrir estos problemas durante esta llamada de contacto inicial es bastante simple. En este punto, has establecido un poco de relación y definitivamente tienes el interés del propietario, por lo que generalmente están muy contentos de presumir sobre cualquier mejora que hayan realizado en la propiedad. Solo necesitas darles un pequeño empujón.

Por lo tanto, solicita al propietario que confirme la información que estás viendo en línea, incluidos los sitios basados en fotos como Google Street View, de una manera que haga que aprovechen sus puntos fuertes. Algunas de las renovaciones no permitidas más comunes son visibles desde la acera, como un patio adicional, una estructura adjunta o un garaje convertido que no figura en el plano del tasador de la propiedad.

En estos casos, simplemente puedes buscar el historial de permisos en la casa y ver si tienen uno y presupuestar en consecuencia.

Si obviamente nada está fuera de lugar de la búsqueda superficial, entonces aún deberías ir a pescar. Empieza con: "Genial, gracias. Ahora, antes de poder ofrecer nuestro mejor precio, solo quiero verificar nuestros registros aquí. ¿Cuántas habitaciones tienes ahora? ¿Puedes decirme más sobre en qué estado están los baños?"

A medida que se aburren de responder preguntas simples y simplemente estás tarareando sin comprometerse, por lo general, sin darse cuenta, dejan escapar más detalles sobre las mejoras que han realizado. Luego, puedes preguntar cuándo se realizó la adición y cuánto costó, lo que facilita buscar si tienen permiso y, de no ser así, cuánto costará obtener uno. Si mantienes las cosas casuales, el propietario ni siquiera sabrá que los estás exprimiendo para obtener información.

Cuotas impagas de la Asociación de Propietarios de viviendas

Si bien muchas Asociaciones de Propietarios se apresuran a imponer multas obscenas y emprender acciones legales, eso no siempre significa que hayan presentado un embargo oficial. Eso siempre podría salir en el último momento posible, generalmente después de que la Asociación de Propietarios ve que la casa ha cambiado de manos y la propiedad se está preparando para la venta.

Ahora bien, es seguro asumir que el propietario no le está pagando a la Asociación de Propietarios si no le está pagando al prestamista hipotecario, pero la pregunta es cuánto se debe. Si solo preguntas, hay una buena posibilidad de que el propietario minimice el daño por temor a hundir el trato.

Entonces, en cambio, la mejor manera de obtener información precisa es liderar con una queja comprensiva sobre la Asociación de Propietarios y tener al propietario de tu lado: "Sabes, podríamos cerrar este trato mucho más rápido si puedo darle a la Asociación de Propietarios un cheque por las cuotas atrasadas y tarifas en tu nombre. Entonces, ¿por cuánto te está sacudiendo la mafia suburbana? ¿Puedes tomar una foto de su última carta amenazante y enviármela por correo electrónico? No puedo esperar para hablar con mi abogado de ellos".

Fase cinco: Debida diligencia previa al cierre

Paso 1: Investiga las reglas y restricciones de la Asociación de Propietarios

En muchos estados, los estatutos de las asociaciones locales de propietarios reemplazan a la ley estatal. Esta extraña peculiaridad de la ley local tiene un gran impacto en tu negocio. Por lo tanto, es crucial ponerte en contacto directamente con el jefe de la Asociación de Propietarios local antes de cerrar un trato y obtener confirmación por escrito (por correo electrónico es suficiente) de que todo lo que deseas hacer está permitido en sus estatutos. Y, naturalmente, quieres la confirmación del *jefe*, de la cabeza, y no de un representante de bajo nivel.

Por ejemplo, si estás alquilando la propiedad, asegúrate de que permitan que un inquilino que no sea el propietario la ocupe. Si no lo hacen, pídeles que especifiquen exactamente cuánta plusvalía necesita un inquilino para alquilar el lugar. Por lo general, puedes solucionar este problema ofreciendo a tu arrendatario una participación del 1% en la propiedad.

Si estás planeando una reventa a corto plazo, diles eso y asegúrate de que no haya restricciones de tiempo u ocupación para revender una casa en un corto período de tiempo.

Claro, a menudo puedes buscar esta información en su sitio web, pero eso no es suficiente. Estamos lidiando con una jurisdicción extralegal aquí que está por encima de la ley y puede cambiar sus propias reglas en cualquier momento. Por lo tanto, si hay algún problema en el futuro, deseas poder mostrar pruebas escritas de que estabas "sujeto a" las viejas reglas.

Paso 2: Investiga el vecindario tan a fondo como lo haces con la casa.

Conoces la ubicación, ubicación, - mantra de ubicación -, pero ¿qué significa eso en la práctica para los revendedores de casas? Todo se reduce a una cosa: qué tan rápido puedes vender una propiedad en ese vecindario. La ubicación es bastante similar para los inversores de alquiler: ¿qué tan rápido puedes obtener un inquilino de calidad que pague un alquiler mejor que el promedio?

Obtener un buen trato por una casa no es exactamente una ganancia si te toma un año o más descargar tu inversión o si el área tiene poco atractivo y lleva meses encontrar un inquilino decente. Incluso si tus costos de tenencia son mínimos, los costos de oportunidad están por las nubes. ¿Cuántas otras inversiones aún mejores te estás perdiendo mientras tu capital está atado aquí?

Esto se duplica si te enfocas en revender. Deberías esforzarte por revender cada casa en tu cartera cada cuatro meses...por lo que un retraso de un año significa dos ofertas adicionales que te perdiste. Personalmente, me lleva de 3 a 5 meses desde la oferta de compra inicial hasta el cierre, que es una tasa fácil de mantener siempre que te quedes en las propiedades de tu nicho, lo que incluye una comprensión profunda de los vecindarios en los que estás operando.

Lo ideal sería tener una buena comprensión de la calidad del vecindario, el atractivo y la rapidez con la que se venden tipos similares de propiedades antes de acercarte al propietario o hacer una oferta en una subasta. Aun así, cuando se presentan grandes oportunidades de plusvalía, necesitamos estar listos para entrar en acción incluso si no sabes nada sobre los alrededores de la propiedad.

En el lado positivo, las métricas clave que debes buscar en un área urbana o subdivisión son bastante simples de evaluar. Todo esto se puede hacer con unos minutos de investigación en Internet o con una llamada rápida a un agente de listados que trabaje en el área.

1) En el último año, ¿cuánto tiempo en promedio se ubican las casas en el mercado en este vecindario? Algo más de 180 días debería ser una señal de alerta de que este no es un mercado local "popular". No significa que necesariamente debas abandonar el trato, sino que debes ajustar tu plusvalía estimada al tener en cuenta los costos de tenencia de todo un año.

2) ¿Cuán intensa es la competencia cercana? Aquí es donde el servicio de registro de propiedades es útil. En las cercanías, generalmente miro todas las unidades similares a la venta dentro de un radio de una milla, o en una subdivisión particular o barrio de la ciudad. Entraremos en esto con más detalle en un momento, pero ten en cuenta que mientras más casas comparables estén en venta cerca, más profundo necesitarás descontar el precio de listado.

3) Si vendes viviendas para unidades familiares, ¿cuál es la calificación del distrito escolar local? Cuanto más alta sea la calificación de la escuela, más compradores motivados y calificados es probable que atraiga, lo que te da más confianza de que esta casa es una apuesta segura. Si la calificación de la escuela está por debajo del promedio, es mucho menos probable que atraiga compradores motivados listos para cerrar rápidamente. Nota: al igual que con todo, verifica dos veces la precisión del distrito escolar asignado a la lista. Es común encontrar vendedores que informan de manera accidental o intencional sobre a qué distrito escolar pertenece una propiedad, así que consulta el sitio web de la escuela local para verificar la zonificación.

4) ¿Cuál es el valor de la casa en relación con el valor promedio del vecindario? Independientemente de cuán preciso sea tu Análisis de Mercado Comparativo para una propiedad en particular, llevará más tiempo vender una casa de $300,000 en un vecindario de $150,000, a menos que bajes el precio significativamente. No es imposible, por supuesto, pero llevará más tiempo del cierre normal, lo cual es tan doloroso para tu resultado final como vender muy por debajo del valor de mercado.

Si bien hay algunas excepciones, especialmente si las primeras tres métricas están a tu favor, como regla general, debes apegarte a las casas que se revenden por un valor dentro de +/-25% del valor promedio del vecindario.

5) ¿Cuál es el diferencial local entre el precio promedio de cotización y el precio promedio de venta en el último año? También puedes usar el precio promedio de cotización y el precio promedio de venta durante el último año, pero lo importante es hacer una comparación de manzanas con manzanas. El objetivo es asegurarte de que no haya grandes desajustes entre los precios de cotización y los precios de cierre en el vecindario.

Siempre hay alguna variación entre la cotización y los precios de cierre y, por supuesto, cada mercado es diferente, pero en general deseas ver casas en ese vecindario vendiéndose dentro del 5% del precio solicitado. Si el margen es superior al 5%, entonces debes ser escéptico sobre la precisión de tus modelos de ventas comparables y precios. Ahora sería un buen momento para llamar a los agentes de listado locales y pedirles información. Hay una buena posibilidad de que haya algo en el mercado local que esté afectando los precios de todos. Es por eso que me gusta comparar cada estimación con las recientes ventas comparables del sitio web de tasación de propiedades locales. Puede sonar simple, pero todos los hechos se presentan allí, incluyendo la escritura registrada y el precio. No hay una fuente más precisa que un registro real en el condado, y es gratis de ver.

Nota: Al evaluar los precios de las viviendas para determinar el valor neto, ignora las ventas de viviendas pendientes y solo cuenta el precio de venta final de viviendas comparables recientes. De lo contrario, tus datos podrían estar mal por un amplio margen.

Sin embargo, al evaluar los precios de las viviendas para determinar su precio de listado, las ventas de viviendas pendientes son bastante importantes. Las ventas pendientes de propiedades comparables cercanas, como en una subdivisión, un bloque de desarrollo de apartamentos/condominios o un vecindario en particular y no solo en una distancia geográfica arbitraria, brindan una gran cantidad de información útil y bastante relevante:

1) ¿Cuál es el tiempo promedio en el mercado para ventas pendientes? Esto te permite estimar mejor tus costos de tenencia y decidir si debes descontar un poco tu precio del valor estimado. Hasta ahora hemos estado utilizando información de ventas históricas para estimar esto, pero las ventas pendientes nos brindan los datos más actualizados.

2) ¿Se hicieron reducciones en el precio inicial de cotización? En caso afirmativo, ¿por qué?

3) Información de contacto para el agente de listado que trabaja en este trato, para que puedas pedirles información mientras los detalles todavía están frescos en su mente. Esta última parte es bastante importante y no significa que tengas que contratar al agente.

Paso 3: Ponte en contacto con los agentes del listado de ventas pendientes

Incluso si no tienes planes de contratar a un agente de bienes raíces por comisión, hay otros arreglos que puedes hacer. Estos profesionales tienen información privilegiada sobre lo que está sucediendo en un mercado comunitario en este momento, y tú tienes una lista atractiva de clientes potenciales investigados en el área local, que es tu pan de cada día. Un simple intercambio de información es beneficioso para ambos.

Hay varias formas de abordarlos, pero prefiero una llamada telefónica a la antigua con una conversación amistosa pero mutuamente beneficiosa. Me presentaré y luego les avisaré sobre una nueva lista que podría estar obteniendo en la misma comunidad y les ofreceré el derecho exclusivo de mostrar la propiedad a sus compradores primero si pueden responder algunas preguntas.

Si realmente estoy dándole vueltas a lo que está sucediendo en un área y parecen estar bien informados, incluso podría ofrecerle enviar al agente una selección de mi hoja de Excel a cambio de un poco más de su tiempo. Esos clientes potenciales de pre-ejecución hipotecaria fuera del mercado en el área que tiene una plusvalía considerable pero no lo suficiente como para que yo actúe sobre ellos. El punto es que estoy ofreciendo algo de valor que no tiene que costar un centavo.

Es raro que no tengas su atención entusiasta en este punto. Algunas de las preguntas más importantes que hacer son:

- ¿Qué hace que las casas cercanas se vendan tan rápido/tan lento?

- ¿Por qué hay tanto/tan poco inventario en venta en esta área?

- ¿Cuántos de estos lugares reciben múltiples buenas ofertas?

- ¿Qué características específicas o perfiles de propiedad se mueven más rápido?

- ¿A qué precio me recomiendan que enliste y por qué? Eso no significa que usaremos esto, ya que solo están llegando a una estimación aproximada en este momento, pero si está sustancialmente por debajo o por encima de mi precio de lista esperado actual, es una señal de alerta de que me he perdido algo. Podría ser algo bueno o malo, pero no quiero sorprenderme de ninguna manera cuando salgamos al mercado.

Paso 4: Valor de mercado actual vs. valor de la vivienda a largo plazo

No importa si planeas alquilar una inversión durante años o revenderla en semanas. De cualquier manera, necesitas una estimación precisa del valor del estado actual de la casa y el precio de venta futuro cercano antes de comprar la propiedad. No caigas en la tentación de simplemente estimar la valoración basado en Zillow u otro promedio de metadatos amplio.

Definitivamente, nunca sigas el enfoque de fantasía que ves en programas de televisión o radio. Donde compran una propiedad, la renuevan lo mejor que pueden y cruzan sus dedos para que el tasador le dé al lugar una alta valoración.

En la práctica, hay un montón de "margen de maniobra" con las tasaciones. Independientemente de lo elegante que sea el interior, las casas cercanas comparables siempre serán el factor decisivo en una evaluación. Especialmente cuando vendes a compradores minoristas que necesitan pedir un préstamo. Si la casa en cuestión es demasiado cara para el área, los aseguradores del banco seguirán ordenando nuevas tasaciones hasta que obtengan una estimación con la que puedan vivir.

Incluso si tu evaluación es una agradable sorpresa, si estás sorprendido por tus inversiones, entonces estás haciendo algo mal. Por supuesto, habrá más/menos márgenes de error en tus estimaciones, pero si alguna vez estás realmente sorprendido por algo, incluso en el buen sentido, cometiste un error. Tuviste suerte esta vez, pero la próxima podría volver a morderte el trasero.

Todo eso puede parecer bastante simple, como un consejo elemental, pero este pequeño paso de no confundir el valor de **mercado** con el valor de la **vivienda** hace tropezar a muchos agentes e inversores profesionales. La mayoría establece su precio de venta en función del valor objetivo de la vivienda, lo que supone que tienen todo el tiempo del mundo para esperar la mejor oferta. Esto no siempre tiene una fuerte correlación con el valor real del mercado actual en un vecindario en particular, que está más influenciado por la competencia y las ventas recientes/pendientes. También a menudo confían en los instintos para ajustar aún más este precio de venta, lo que abre la puerta a todo tipo de sesgo de datos incluso en los inversores más conocedores.

Para ser justos, me tomó un tiempo darme cuenta de cuán cambiante es determinar el valor actual del mercado, o cuán fácil es usar datos duros para encontrar una fórmula para establecer un precio de venta realista. Una vez que revisé todo mi enfoque de evaluación y listado, todo cambió. Reduje mi tiempo promedio en el mercado de 6 meses a 4 para cada propiedad, y aumenté mis retornos netos anuales de reventas a corto plazo del 20% al 30%...todo simplemente cambiando la forma en que calculé los números antes de listar.

Y puedes hacer lo mismo si permaneces enfocado en dos principios clave:

1) Queremos el valor estimado que probablemente será evaluado por el prestamista del vendedor si enviara un tasador hoy. En otras palabras, el valor de mercado actual, para estimar nuestra plusvalía con precisión. La mejor manera de obtener este número para casas fuera del mercado es hacer tu propio Análisis de Mercado Comparativo no oficial basado en las ventas comparables recientes del vecindario registradas en la oficina del tasador de la propiedad. Puedes usar Corelogic Comps o algún servicio similar para la evaluación inicial de plusvalía, pero querrás verificar manualmente la tasación a través del sitio del tasador de la propiedad local antes de comprar la propiedad. Queremos saber exactamente cuánto vale la casa en este momento, suponiendo que terminemos todas las reparaciones básicas y que tengamos una condición de venta promedio.

La clave es no tener en cuenta las renovaciones adicionales, el consejo opuesto exacto que probablemente hayas escuchado a muchas personas sobre la creación de un precio del Valor Posterior a la Reparación (ARV). Ese es un nicho separado y requiere demasiada especulación para nuestros propósitos, ya que no tenemos suficientes datos en este momento. Tendrás que adivinar cómo se evaluará esta propiedad renovada y comparar el resultado futuro con un conjunto de ventas comparables totalmente diferente, y luego esperar a que el tasador del comprador en los próximos meses vea las cosas a tu manera. No sé sobre ti, pero eso es demasiado, y lo es para mi gusto.

Ahora, no pretendo menospreciar esos brillantes rehabilitadores que pueden arreglar y mejorar las propiedades deterioradas a bajo precio y luego revenderlas por un precio elevado. Admiro a cualquiera que pueda crear nueva plusvalía de la nada. Es solo que es un nicho bastante avanzado y de alto riesgo, mientras que estoy enfocado en enseñar estrategias de bajo riesgo que funcionen en todo tipo de mercado.

2) Una vez que tengas este precio estimado de tasación, deberás establecer un precio de venta que equilibre las ganancias con la velocidad.

A menos que tengas una estrategia de compra, alquiler y mantenimiento a largo plazo, entonces no estás interesado en el mejor precio que puedes obtener en algún momento indeterminado en el futuro, sino en el precio más realista que puedas obtener en los próximos meses. Esto tiene poco que ver con el valor de la casa, sino con lo barata que es en comparación con el vecindario, el atractivo exterior de la casa y el atractivo general del área. En resumen, principios básicos de oferta/demanda como en cualquier negocio.

Sí, esta es la razón por la cual todos te advierten que uses la regla "70/30" o algún otro factor para asegurarte de tener suficiente espacio para los codos, pero esa es la fuente de muchos problemas. Utilizarán este estándar en el valor posterior a la reparación de la casa, que es el mejor escenario idealizado y generalmente más alto que el precio de venta realista a corto plazo (menos de seis meses). En cambio, la regla 70/30 debe aplicarse al precio descontado de mover la propiedad rápidamente.

Por ejemplo, el enfoque de valoración tradicional podría devolver un valor después de la reparación de $200,000 en una inversión, con $10,000 en costos de rehabilitación. Por lo tanto, no deberías gastar más de $130,000 en la compra. Sin embargo, digamos que el vecindario inmediato tiene muchas casas en venta en este momento, algo que la mayoría de los enfoques de Análisis de Mercado Comparativo no tienen en cuenta. Con toda esta competencia, el precio realista que puedes obtener en el corto plazo es de solo $180,000.

Paso 5: Cómo establecer un precio de venta realista

Recuerda, un vendedor de casas normal puede establecer el precio de venta en o incluso por encima del valor de mercado y simplemente esperar hasta que reciba una oferta con la que esté satisfecho.

Sin embargo, para los inversores profesionales, entran en juego varios otros factores que generalmente garantizan que el valor de mercado y el precio de venta serán diferentes. Dado que los costos directos de tenencia, así como los costos de oportunidad indirectos de las inversiones perdidas se acumulan rápidamente, debes establecer un precio que moverá la propiedad lo antes posible. Lo que no es tan doloroso como parece, ya que solo estamos invirtiendo en lugares con una tonelada de plusvalía en primer lugar.

Y aunque, establecer el precio de listado no es un proceso exacto, tampoco es un juego completo de conjeturas. Hay muchas reglas estrictas que puedes seguir para asegurarte de que tus estimaciones no se desvíen demasiado en territorio pesimista y dejen dinero en la mesa, o sean demasiado entusiastas y eviten que cierres rápidamente. Ahora, podría escribir un libro completo sobre este tema solo, y dedico algunas horas en mi curso en línea a repasar varios ejemplos del mundo real, pero el proceso central es simple de entender.

I) Comienza con el valor de mercado (valor de tasación estimado) que también utilizaste para determinar la plusvalía. En lugar de usar tu instinto para ajustar el precio en +/- puntos porcentuales en función de diferentes factores de propiedad, veremos esas ventas comparables con más detalle e intentaremos encontrar algo más en el sitio del tasador de propiedades. Usaremos esas ventas recientes en el vecindario para ver cómo diferentes factores afectaron el precio de casas similares.

Nota: Al mirar estas ventas comparables, es mejor retroceder en el tiempo en lugar de expandir tu área de búsqueda geográfica. Idealmente, encontraremos muchas casas comparables vendidas en este vecindario durante los últimos 90 días, datos nuevos que deben coincidir con las condiciones actuales del mercado. Sin embargo, si no puedes encontrar suficientes propiedades que sean realmente comparables, es mejor mirar las ventas cercanas en los últimos 180 días o incluso el año pasado antes de expandir tu búsqueda a otros vecindarios.

La razón es bastante simple: podemos compensar las diferencias de precios entre muestras de datos más antiguas y más nuevas en el vecindario, el mismo conjunto de datos, más fácil de lo que podemos entre vecindarios que son conjuntos de datos totalmente diferentes.

Por ejemplo, si tenemos que retroceder un año entero para encontrar buenas ventas comparables cerca de nuestra inversión objetivo, podemos ajustar el tiempo al ver cuánto han aumentado o disminuido los valores promedio de las viviendas en esa área en el último año. Si todas las casas en el vecindario se apreciaron al 10% durante el año, entonces agregaremos el 10% al precio de ventas comparables anterior para simular una venta reciente.

Por otro lado, si estamos viendo una venta comparativa reciente de un vecindario diferente a más de una milla de distancia, hay varios factores X que no podemos controlar fácilmente. Quizás esos lugares están más lejos o más cerca de servicios populares, o un inversor ha ido de compras allí y ha aumentado los precios, o una repentina ola de delincuencia/contaminación/tráfico/construcción está afectando los precios locales. No puedes darte cuenta de estas variaciones estadísticas con el sitio web del tasador de propiedades y realmente necesitas hablar con un agente que esté trabajando para obtener los detalles.

II) Una vez que tengas listas las ventas comparables, lo más importante que estamos buscando es qué tan rápido podemos mover la propiedad. Esto está determinado por tres factores. Cada uno de los cuales usarás para aumentar o disminuir tu valor de mercado actual según sea necesario para llegar a tu precio de venta realista. Asegúrate de tomarlos en orden y de forma acumulativa.

1) **Competencia**.

   Este es el paso pasado por alto más a menudo. Queremos buscar viviendas comparables actualmente en el mercado, así como ventas pendientes.

   Con las ventas actuales, no estamos tan interesados en tu precio de lista actual como en la cantidad de inventario cercana a tu inversión objetivo. Cuantas más casas similares para la venta encuentres y más cerca estén de tu propiedad, más querrás descontar. Nota: Esto no significa que tengas que ser el más barato en el vecindario, sino que debes tener un precio un poco por debajo de tu valor de mercado.

   Como se mencionó anteriormente, las ventas pendientes de propiedades comparables producen una gran cantidad de información, pero en este paso nuestra principal preocupación es cuánto cambió el precio pendiente del listado. Sí, una pequeña diferencia probablemente fue causada por varios créditos al comprador, pero una diferencia significativa (generalmente más de ~3%) es relevante para tu precio. Si el precio del contrato fuera más alto de lo solicitado, el vendedor podría haber contratado a un agente realmente bueno y haber recibido múltiples ofertas. Si el precio del contrato es más bajo de lo que se solicitó, podrían haber estado más motivados para vender o simplemente tener un precio demasiado alto para comenzar.

Esta es información valiosa que necesitamos saber para decidir cuánto debemos ajustar nuestro valor de mercado. Es por eso que queremos ponernos en contacto con el agente de listado para cada propiedad de ventas comparables donde el precio del contrato es significativamente diferente del listado y averiguar por qué. Solo entonces podremos decidir si debemos seguir su ejemplo y aumentar el precio o bajarlo y ahorrar un montón de tiempo en el mercado.

2) **Tiempo en el mercado de ventas recientes.**

Suma y promedia el tiempo que se tardó en obtener un contrato para todas tus ventas comparables, de la misma manera que promediaste sus precios. Luego, puedes multiplicar esto por tus costos mensuales de tenencia para cuantificar cuánto puedes descontar la casa para que se mueva rápidamente sin reducir tu plusvalía. Como se mencionó anteriormente, estos costos de tenencia son más que solo seguros y tarifas de administración de propiedades. También incluyen el aumento mensual de cualquier acuerdo de pago de hipoteca.

Por ejemplo, si el tiempo promedio de ventas comparables en el área fue de ocho meses y tendrás $1,000 en costos de tenencia mensuales, entonces podrías reducir tu precio de aceptación en hasta $6,000 para una oferta inmediata en el primer mes (también agregando un mes para el cierre). El descuento de $6,000 se pagó solo sin reducir tu margen de ganancia.

Nota: Verifica el historial de ventas con el servicio de registro de propiedades para ver si alguna de tus ventas comparables se eliminó de la lista y luego se volvió a publicar más tarde. Por una variedad de razones, esta es una práctica común. Si es así, agrega el tiempo de todos los listados anteriores a tu tiempo estimado en el mercado.

3) **Condición de la propiedad.**

   a. Atractivo exterior. Este es también el atractivo o la conveniencia de tu propiedad. Es muy subjetivo, por supuesto, pero hay varias características principales que puedes comparar con tus ventas comparables para ver cómo cambian el precio.

   Por ejemplo, tu inversión tiene una vista al agua o al parque, así que ves solo tus ventas comparables con una característica similar e ignoras las que tienen una vista de la calle. Haz un nuevo promedio con eso y resta del precio original de ventas comparables para obtener una aproximación del premium para esta vista. Entonces, si llegaste a un valor de mercado de $250,000 mirando seis ventas comparables muy cercanas, pero las dos que tienen una vista similar se venden a $260,000 y $270,000, entonces podemos asumir con seguridad que la vista agrega alrededor de $15,000 al precio de venta y al precio en consecuencia.

   Nota: Aquí solo estamos analizando las principales características que podrían sumar o restar varios miles del precio. Esto es clave para mantener todo realista, ya que si no tenemos suficientes datos o no podemos discernir una diferencia clara porque hay muchos factores en juego, entonces no deberíamos considerar una característica particular en nuestra estimación de precios. Eso puede sonar complicado, pero es bastante sencillo en la práctica.

   Por ejemplo, supongamos que te das cuenta de que todas sus ventas comparables tienen un excelente arreglo paisajístico profesional, pero tu propiedad parece insípida. No en mal estado, solo que no es tan bonita como todas las demás. Es realmente difícil medirlo objetivamente, por lo que no lo tendrás en cuenta en tu estimación de precios.

b. Tiempo y costo de rehabilitación. El costo directo de rehabilitar tu propiedad con reparaciones y renovaciones menores es bastante simple. Donde las cosas se complican es comparar el valor generado por estos proyectos con el costo de oportunidad de invertir el mínimo tiempo y dinero para cerrar la mayor cantidad de tratos posible.

Es por eso que nos esforzamos por evitar bienes raíces de baja calidad y nos adherimos a las propiedades que necesitan el menor arreglo posible. Por supuesto, eso no siempre es posible en el mundo real, por lo que es importante correr cualquier costo de renovación adicional, por encima del mínimo necesario para que la casa sea habitable y vendible, contra el valor de precios más bajos y ventas más rápidas.

Recuerda que siempre puedes fijar un precio bajo en una condición "tal cual" y aumentar el precio por etapas a medida que mejoras la propiedad. Por lo tanto, usa los costos de renovación como un descuento automático en el precio de venta y aumenta el precio cada mes a medida que agregas nuevo valor.

Por ejemplo, una de las renovaciones más baratas, pero de mayor valor agregado es reemplazar los pisos desgastados con laminado fresco y luego darle a todo un agradable acabado de cera. Generalmente trato de hacer esto con cualquier propiedad que compre que tenga más de un par de años. Naturalmente, mi socio tiene una carga de proyecto con todo este trabajo constante, pero no voy a esperar. Pondré el precio de la casa tal cual se encuentra inmediatamente con un descuento del 5-10%, y luego eliminaré ese descuento tan pronto como se complete la mejora. Calculo el descuento no a partir del valor estimado que agrega el nuevo piso, sino a partir de mis costos ahorrados causados por no tener que pagar el trabajo y reducir los costos de tenencia al moverla rápidamente.

Si mientras tanto alguien viene y toma la propiedad a ese precio, entonces genial. Incluso con una ganancia menor en el acuerdo, puedo pasar a la próxima inversión y aumentar mis ganancias. De ahí proviene el valor real.

Incluso si tu nicho se centra en las propiedades superiores, esta estructura de precios en evolución es bastante útil para ti.

4) Juntando las piezas.

Entonces, supongamos que mi valor de mercado estimado llegó a $200,000 para una nueva propiedad. Mi umbral de plusvalía mínima disponible para participar en este trato es del 20% ($40,000) y mi conteo corriente estimado de plusvalía en este punto es de $60,000. Hasta ahora todo bien, pero dado que el valor de la vivienda y el valor de mercado no son los mismos, todavía necesito ver si mi precio de venta realista dejará suficiente carne en el trato para que me moleste en sentarme a la mesa.

Ahora analizaré los tres factores de precio: competencia, tiempo en el mercado y condición, para ver si esto sigue siendo un buen trato.

Precio inicial: $200,000.

- - $ 10,000 para competencia. Nuevo precio $190,000. Hay más de tres casas comparables en venta en el mismo vecindario, con precios de lista que oscilan entre $195,000y $220,000. Entonces redujimos el precio para ser más competitivos.

- + $5,000 del informe pendiente de viviendas. Nuevo precio $195,000. Después de mirar los precios inflados de los contratos y hablar con algunos agentes locales, parece que esta área tiene una gran demanda. Cada propiedad recibe múltiples ofertas que aumentan el precio final en $5-10,000, por lo que utilizamos la estimación final más baja para ser conservadores.

- - $6,000 desde el momento en el mercado. Nuevo precio $189,000. A pesar de la gran demanda, por alguna razón, estas propiedades tardan entre 6 y 9 meses en cerrarse. Los agentes con los que contactaste creen que es causado por múltiples prestamistas que requieren múltiples evaluaciones. Mis costos de tenencia son de $1,000 dólares al mes, así que descontaré el precio inicial por seis meses de costos para ayudar a asegurar que cerremos dentro de los tres meses. Si esto no sucede para entonces, puedo aumentar el precio más tarde.

- - $0 de la condición de la propiedad. Mi instinto me dice que esta casa tiene un mejor atractivo y podría venderse por un poco más que la competencia cercana. Sin embargo, no pude encontrar ninguna prueba estadísticamente significativa en las recientes ventas comparables. Debido a que no estoy tan familiarizado con esta área y ninguno de los agentes con los que hablé podría cotizarme un valor en dólares por las características pequeñas pero especiales de esta casa, voy a lo seguro y no modifico mi estimación.

  El riesgo de subestimar el valor en un 1-2% no es nada en comparación con el riesgo de sobrevalorar la casa. En el primer escenario, la casa se venderá más rápido, ahorrándome dinero, mientras que en el último las cosas tardan más y me cuestan dinero.

- - $5,000 en costos de reparación y rehabilitación. La casa está en muy buenas condiciones y podría tener una exhibición de casa abierta tan pronto como el servicio de limpieza termine de ordenar. Sin embargo, hay una serie de pequeños problemas que podrían agregar un valor serio, como reemplazar la alfombra llamativa, pintar sobre todos los patrones de paredes multicolores en un blanco simple y reemplazar esa estufa y refrigerador feos que no hacen juego. Todo eso me costará $4,000, más otro mes en costos de mantenimiento hasta que mi equipo pueda terminar.

- Entonces, mi precio final es de $184,000 tal cual está ahora y $194,000 después de la rehabilitación. En ambos casos, tengo más del 20% de plusvalía disponible. Incluso al precio más bajo, todavía tengo un 22% de plusvalía. Si tengo otros tratos potenciales, pero solo capital suficiente para uno, compararé la plusvalía restante de la oferta más baja para ver cuál es el mejor trato.

- Solo ahora, después de esbozar cómo se desarrollará todo el juego, finalmente estoy listo para enviarle al propietario una oferta de compra seria.

Paso 6: Búsqueda de título y recorrido con el inspector de viviendas y el contratista principal.

Estos son los pasos estándar de cierre previos que realizarás con cada tipo de propiedad.

Paso 7: Fundamentos del contrato de compra fuera del mercado

Esto no tiene que ser un proceso complicado que requiera muchas horas de tu abogado. Puedes minimizar el riesgo y asegurarte de que todas las bases estén cubiertas sin gastar una fortuna en honorarios legales.

Después de todo, para un inversor, hay cuatro cosas que más importan:

1) Cierre rápido antes de que aparezca otro inversionista en efectivo y suba el precio.

2) Hacer que el inquilino se mude de manera rápida y ordenada.

3) Mantener la casa en la misma condición en que estaba cuando realizó la inspección.

4) Asegurarse de que cada disposición sirva como una cláusula de salida, para que puedas retirarte del trato en el último segundo si descubres sorpresas desagradables o el vendedor no está cumpliendo con los términos. Del mismo modo, debería ser evidente que es importante que cumplas con lo que prometes.

Los nombres específicos de los formularios pueden variar entre las diferentes jurisdicciones locales de los tribunales y si se incluyen o no ciertos elementos como disposiciones de acuerdo paralelo o contratos separados, por lo que, nuevamente, verifica siempre con tu abogado que todo esté en orden para tu área local.

El objetivo final es lograr que el propietario firme una escritura de renuncia, que simplemente te transfiere su interés en la propiedad.

Acompañarás esto con un acuerdo paralelo (el contrato) que incluye cualquier disposición personalizada que desees. Asegúrate de incluir una divulgación explícita de "transacción entre partes independientes" firmada por ambas partes. Naturalmente, todo debe ser testificado, notariado y registrado según los requisitos de tu estado. Tengo formularios de muestra en mi sitio web (www.lirankoren.com) que puedes descargar para ver cómo funciona todo en la práctica.

Como mínimo, deseas incluir las siguientes disposiciones:

1) Acuerdo general para transmitir la escritura y transferir los intereses del propietario al comprador.

2) Asignación del derecho de plusvalía de la subasta del propietario al comprador.

3) Un plan de pago estructurado en lugar de solo un pago global. Por ejemplo, le pagaremos al propietario $5,000 por la escritura de inmediato, y $10,000 cuando se mude dentro de los 30 días y deje la propiedad en las mismas condiciones en que se encuentra ahora. Incluye una cláusula de orden de posesión para acelerar el desalojo si es necesario. Obviamente, eso es algo que queremos evitar a toda costa, ya que es desagradable para todos los involucrados. Por lo general, puedes negociar con los inquilinos, incluso ofrecer un poco de dinero extra para mudarse en lugar de simplemente llamar al sheriff, y esto te brinda más influencia en esas situaciones.

4) También especifica con el mayor detalle posible en las disposiciones exactamente qué quieres decir con la condición de la propiedad y qué sucederá en caso de que el propietario no se vaya o la condición de la propiedad cambie para peor. Por ejemplo, "El vendedor debe dejar los electrodomésticos y las características de paisajismo en su lugar y no quitar ningún accesorio".

5) Opcional: Si estás realizando un acuerdo de arrendamiento con el propietario, incluye un contrato de alquiler mensual. Ten en cuenta que, estadísticamente, la mayoría de estos arrendamientos no durarán más que unos pocos meses antes

de que los inquilinos dejen de pagar. Por lo tanto, necesitarás un incentivo para sacar a los ocupantes de manera ordenada. Una cosa que ayuda es ofrecer pagar el depósito de seguridad del inquilino de tu propio bolsillo, que está presupuestado de acuerdo con lo que hubieras pagado por el pago de la transferencia del título. El propietario puede recibir este dinero "gratis" solo si deja la propiedad en las mismas condiciones que se especifican en el contrato.

6) Opcional: Si solo estás interesado en la plusvalía del propietario en la subasta, también incluye un acuerdo general para litigar en nombre del propietario de esta propiedad. No es estrictamente necesario, pero puede ayudar con algunos tipos de litigios. Nuevamente, verifica con tu abogado los detalles de la ley local.

Dicho esto, no deseas complicar demasiado estos acuerdos. Estamos buscando una transacción rápida "1, 2, 3". Deben poder leer el contrato en minutos y tener pocas preguntas, si es que tienen alguna. Luego podemos entregarles un cheque de caja antes de que salgan de la oficina y activar el acuerdo antes de que un tercero desacelere las cosas. El objetivo es firmar, pagar y registrar la renuncia en el juzgado el mismo día. Y una gran parte del cumplimiento de ese objetivo es evitar que el propietario tenga dudas o cualquier otra preocupación.

Así que omite la jerga legal típica que implica cláusulas anidadas enrevesadas plagadas de frases en latín. Usa oraciones cortas en inglés simple que cualquiera pueda entender. Cuanto más simple sea el papeleo, más seguro estará el propietario de decir que sí. Sin mencionar, ¿cómo puede alguien cumplir con disposiciones que no entiende?

Subastas de ejecución hipotecaria - No más victorias pírricas

El siguiente mejor camino de plusvalía oculta son las subastas de ejecución hipotecaria. Sí, la competencia será mucho más rígida ya que hay tantos postores, pero ya tenemos un as bajo la manga.

Al emplear la misma infraestructura que solías encontrar en Lis Pendens para propietarios angustiados, ahora puedes buscar los próximos avisos de ejecución hipotecaria para la próxima semana. Obtén sus números de casos y referencias cruzadas con el sitio del tasador de propiedades como en el capítulo anterior. Esto será aún más fácil, ya que no tendrás que estimar tantos gastos o buscar y contactar al propietario. Puedes automatizar aún más el trabajo duro y concentrar tu energía en la realización de informes detallados de comparación de ventas y el precio de reventa estimado en las selecciones más populares.

Estamos escaneando cada artículo que salga en el circuito de subastas para la próxima semana, y no solo un par de cosas que encontramos interesantes. Eso es lo que hacen los inversores promedio, y es por eso que solo ven rendimientos promedio.

Al igual que con las pre-ejecuciones hipotecarias, conocemos la plusvalía en cada artículo antes de la campana de apertura. No puedo exagerar cuán crucial es esa ventaja. Sin embargo, antes de que podamos comenzar a ofertar, necesitamos tres datos adicionales:

1) Ponte en contacto con la oficina del abogado que figura en el historial del caso para conocer la oferta de apertura con anticipación. Luego vuelve a ejecutar tu estimación de plusvalía tanto con eso como con el costo mínimo de adquisición para filtrar las compras potenciales de baja plusvalía.

2) Asegúrate de que la ejecución hipotecaria sea de hecho del primer titular del derecho de retención. Esto puede ser obvio mirando el tipo de gravamen, pero no siempre. Te sorprenderá con qué frecuencia un segundo prestamista hipotecario o un prestamista HELOC realiza una ejecución hipotecaria antes de la hipoteca original. Esto suele ser tan simple como buscar

manualmente en los registros de la corte el nombre del acusado y ver qué otros casos tiene en su contra, y averiguar cuál se presentó primero.

3) Debido a los riesgos de título desconocidos (no haremos una búsqueda oficial de títulos hasta que hayamos ganado una oferta para mantener los costos razonables), debes presupuestar un poco más de espacio de seguridad en tu oferta máxima. Establece tu propia tolerancia al riesgo, utilizo el 30% de la plusvalía estimada, pero sea lo que elijas mantente firme.

Una vez que tengas esa información y clasifiques todos los potenciales, puedes configurar tu lista de observación y estarás listo para las carreras. Reviso docenas de ejemplos del mundo real en mis cursos en línea, pero realmente esos son todos los elementos clave.

Cuanto más participes en las subastas, más practicarás, mejor te sentirás por el ritmo de las ofertas y podrás ser más listo que otros inversores. Pero siempre que estés haciendo la misma investigación de plusvalía y ventas comparables que con las casas en dificultades y cumplas con tu oferta máxima sin emocionarte, no puedes equivocarte. Siempre tendrás una gran ventaja sobre los otros jugadores.

Sé que suena aburrido, pero todo se reduce a la recopilación de datos y la organización, preparación y disciplina.

Para recapitular esos fundamentos:

1) Al igual que con las pre-ejecuciones hipotecarias previas, tu primer objetivo es determinar la cantidad de plusvalía potencial que hay en la propiedad.

Aquí es donde la minería de datos es útil. En lugar de elegir una subasta única o dos que coincidan con tus intereses, puedes establecer los parámetros específicos de lo que deseas ofertar y dejar que tu software busque y descargue propiedades que coincidan con ese perfil. Luego los eliminas para obtener las mejores ofertas potenciales.

Todavía es importante leer el historial del caso para ventas en subastas, aunque sepas lo que sucedió. Algunas de las ideas clave que estás buscando son:

- Cualquier moción de última hora presentada por el acusado que aún no se ha dictaminado. Queremos minimizar el riesgo de una venta en disputa, por lo que estamos buscando lugares a los que el propietario haya renunciado.

- ¿El propietario o cualquier otro inquilino todavía vive en la propiedad? Idealmente, primero querrás hacer un recorrido por la propiedad, pero si el tiempo no lo permite, el historial del caso puede darte una pista si vas a tener que desalojar a alguien y sufrir daños potenciales a la propiedad. Si la dirección postal del acusado o la dirección de cualquier citación reciente se entregó a la dirección de la propiedad, entonces probablemente todavía viven allí.

- La compra de una casa a través de una subasta borra todos los intereses de los titulares de gravámenes conocidos, pero eso no garantiza que la propiedad esté libre de toda deuda. Por lo tanto, es necesaria una búsqueda exhaustiva de títulos antes de realizar el pago final. Por ejemplo, el nuevo comprador es casi siempre responsable de los impuestos a la propiedad vencidos o de las infracciones del código de construcción local. Incluso puede haber avisos de incumplimiento desconocidos que se presentaron después de que se estableció la subasta.

- Y si estás operando en uno de los 16 o más estados de "súper derecho de retención", la asociación de propietarios puede realizar una ejecución hipotecaria de forma independiente a otros prestamistas para recuperar las cuotas impagas. Así que revisa esos gravámenes.

Debida diligencia rápida

Una vez que ganes la subasta, deberás realizar un depósito inmediato. Cada condado tiene marcos de tiempo ligeramente diferentes entre ganar una subasta y tener que realizar el pago completo, pero generalmente es menos de 24 horas. Esta es tu última oportunidad para hacer tu debida diligencia y asegurarte de obtener un buen trato, y siempre es una ventana corta.

- Realiza la verificación de título profesional más detallada que puedas. También llama a la los encargados de la aplicación del código local y ve si hay multas evaluadas contra la propiedad.

- Haz que tu abogado verifique nuevamente el historial del caso para asegurarte de que no te hayas perdido nada.

- Habla con tus contactos de agentes inmobiliarios que trabajan en esa área para tener una idea de los desafíos especiales en el vecindario.

- Asegúrate de que el vecindario no tenga restricciones de arrendamiento si planeas alquilar.

Después de marcar todas estas casillas, vuelve a ejecutar tu estimación de plusvalía y asegúrate de estar por encima del agua antes de realizar el pago final. Dado que presupuestaste un colchón del 30%, se necesitarían grandes sorpresas para hundir el trato, pero esta es tu última oportunidad para cubrir tu trasero.

Las claves para ofertar y ganar en una subasta:

1) Recuerda: Ganar en una subasta no tiene nada que ver con obtener la propiedad, sino con obtenerla al precio correcto. Esto es especialmente cierto para las subastas donde se oculta la oferta de apertura y/o máxima. El inversor que sepa lo que vale la vivienda y sepa exactamente cuánto está dispuesto a pagar ganará...incluso si no es el mejor postor.

2) Entra con todo o no pierdas tu tiempo. Si has visto la propiedad y has hecho tu tarea, y sabes que este es el trato que deseas hacer, entonces asegúrate de incluir tu oferta máxima permitida como oferta e ir a hacer otra cosa. No mires atrás. Si ganas, genial. Si pierdes, entonces sigue adelante. De cualquier manera, nunca dudes de ti mismo y cambies tu oferta.

3) Lo sé, puede parecer que estás dejando dinero sobre la mesa. ¿Por qué no colocar el 90% de tu oferta máxima y luego monitorear la subasta y seguir subiendo hasta alcanzar tu nivel de oferta máxima?

4) Muy simple, es mejor dedicar tu tiempo a investigar nuevos tratos. La mejora marginal en tu balance final por ahorrar un uno o dos por ciento adicional en el precio de la oferta no es nada comparado con el dinero que podrías ganar investigando el próximo trato. Siempre habrá alguien con una mayor tolerancia al riesgo y más efectivo quemando en su bolsillo que tú. Tu única ventaja es tu capacidad de obtener más información sobre la propiedad al obtener un precio de venta final exacto y descubrir formas de revelar la plusvalía en la casa. Esa es tu ventaja sobre los "chicos grandes", así que mantente en lo que mejor sabes hacer y deja que los fondos de mil millones de dólares peleen guerras de ofertas. Mientras están ocupados discutiendo sobre las mejores ofertas, te estás desconectando silenciosamente, haciendo tu tarea y acumulando un vasto inventario de propiedades más pequeñas, pero más lucrativas que no tuvieron tiempo de investigar.

Incluso en el mercado alcista actual, hay muchas otras subastas para ofertar. De acuerdo, con las subastas no tendrás tiempo para hacer una inspección de la casa primero y con el contratista, por lo que hay más conjeturas involucradas, pero una vez que hayas hecho tu conjetura, trata tus estimaciones como la Sagrada Escritura. Cualquier factor X, como saber que las casas en un vecindario determinado se venderán por encima del valor de mercado, debe tenerse en cuenta en tu estimación de plusvalía y oferta máxima. Una vez que comiences a ofertar, tus números deberán estar escritos en piedra.

Por ejemplo, si estás convencido de que puedes mover esta casa a corto plazo por $200,000 y estás utilizando un estándar del 30% para establecer tu tolerancia de oferta máxima, entonces tu oferta máxima es de $140,000. No 139,000 o 141,000. Esto es más fácil cuando las ofertas están ocultas, por supuesto, pero se vuelve más difícil cuando las ofertas están abiertas. Cuando has sido el mejor postor todo el día...y una persona aleatoria aparece un minuto antes de que se cierre la subasta y da una oferta de $140,500. Sé lo tentador que es decir: "Bueno, vender por $200,000 fue mi estimación conservadora. Hay algo de margen de maniobra, y realmente necesito aumentar mi inventario, así que permíteme aumentar la oferta solo un poquito..."

No caigas en la vieja trampa de repensar tus estimaciones y aumentar tu oferta "solo un poco". En el calor del momento, con el reloj en marcha, es demasiado fácil racionalizar cualquier acción imprudente.

He estado allí. Sé que es más fácil decirlo que hacerlo, pero simplemente aléjate de la mesa y piensa en el panorama general. Incluso cuando las ofertas están ocultas, puedes dejarte llevar. Has realizado tu mejor oferta y eres el mejor postor...hasta los últimos 20 segundos antes del cierre de la subasta. Entonces, de repente, la etiqueta roja desaparece de tu posición.

Ya no eres el mejor postor.

Quizás el banco haya subido la apuesta por unos míseros $100 para tratar de exprimir un poco más tu oferta. O tal vez otro inversionista te superó por $10,000. De cualquier manera, tienes segundos para decidir si debes aumentar tu oferta. Es solo un pequeño margen, ¿verdad? Es una pena perderse un trato ahora solo porque dibujamos una línea arbitraria en la arena. Tu dinero no está sirviendo si se oxida en el banco. Además, no hay una manera real de saber exactamente cuánta plusvalía hay allí hasta que hagas una búsqueda de título y hagas una visita con tu socio. Todo es solo una estimación en este momento...

Esa es precisamente la razón por la que debes cumplir con tu oferta máxima. Esa estimación excesivamente pesimista de la plusvalía disponible es tu único margen de seguridad para asegurarte de obtener ganancias. Así que aléjate del trato y oferta por otra cosa. No puedes ganarlas todas, pero al menos no has perdido nada. Recuerda, las subastas tienen más incertidumbre que los acuerdos previos a la ejecución hipotecaria. Existe una mayor probabilidad estadística de encontrar grandes problemas con el título o la condición de la propiedad, ya que la casa ha estado con pagos atrasados durante mucho tiempo. Y no sabrás sobre esto hasta después de que realices un depósito no reembolsable e inspecciones la propiedad.

Entonces, si no te mantienes disciplinado y dejas que una pequeña emoción se filtre en tu oferta, terminarás con una victoria pírrica que te hará desear haber perdido la subasta.

Ejecución Hipotecaria de la Asociación de Propietarios de Vivienda: La forma segura pero lucrativa de ingresar a estas posiciones

Nota: Para ser claro como el cristal, no estoy abogando por la reducción del alquiler/plusvalía ni nada por el estilo. Estoy hablando de ganancias legales y éticas de la prioridad de los gravámenes. Siempre debes verificar con un abogado de ejecución hipotecaria local que estés cumpliendo con la ley. Dicho esto, muchas jurisdicciones permiten excepciones a las condiciones de recolección de rentas sin pagos del préstamo para proteger a los propietarios e inversores de las prácticas de préstamos abusivas. Esto te permite cobrar renta legalmente o el equivalente si sigues una lista de acciones muy específica y cumples con ciertos criterios. Entonces, habla con un abogado local para conocer tus derechos como inversionista.

Obteniendo beneficio de gravámenes de la Asociación de Propietarios y ejecuciones hipotecarias de la Asociación de Propietarios

Aquí es donde las aguas se enturbian para muchos nuevos inversores e incluso para algunos experimentados. Para ser justos, todo el sistema me confundió por un tiempo, por lo que me mantuve fuera de este nicho hasta que pude entender las complejidades. Sí, es emocionante cómo en estados de súper derecho de retención puedes obtener títulos baratos de propiedades caras. Pero eso es tan sólo el comienzo. Hay dos grandes advertencias a tener en cuenta:

1) Este es un título "sucio". La propiedad todavía tiene todas las obligaciones financieras anteriores y otros tenedores de deuda aún pueden hacer una ejecución hipotecaria más tarde. Es por eso que la oferta inicial es tan barata.

2) No intentes "adelantarte" al juego comprando gravámenes de la Asociación de Propietarios antes de que comience la subasta. Sí, en

un estado de súper derecho de retención, la Asociación de Propietarios tiene interés prioritario...suponiendo que presenten primero su Lis Pendens. De lo contrario, se aplica el estándar "Primero en tiempo, primero en derecho". Es decir, si alguien más simplemente registra su demanda un segundo antes que tú, entonces "gana" y se acabó el juego para ti.

He perdido la cuenta de cuántas veces he visto a personas exagerando en las subastas de la Asociación de Propietarios, o peor aún, comprando el derecho de retención de la Asociación de Propietarios después de que otro prestamista presentó un Lis Pendens y perdiendo toda su inversión. Todo porque leyeron esa primera parte de la ley e ignoraron la letra pequeña. Podrían haber ganado más dinero con menos riesgo simplemente usando su dinero en billetes de lotería.

Ahora, antes de asustarte, déjame darte un ejemplo de cuán lucrativo puede ser este nicho si te tomas tu tiempo. Compré un condominio junto a la playa que es mi escape personal favorito de vacaciones al usar la ejecución hipotecaria de la Asociación de Propietarios para encontrar al propietario bajo el agua mucho antes de que su prestamista comenzara la ejecución hipotecaria. Valió $650,000 en el 2014, con el pobre propietario enfrentando una hipoteca de $700,000. Lo ayudé y la recogí por un total de $27,000, incluidos $15,000 a la Asociación de Propietarios para que retiraran su Lis Pendens. Mi abogado todavía está dando vueltas alrededor del prestamista hipotecario original fuera del estado hasta el día de hoy.

Obviamente, este enfoque implica amplias maniobras legales y atención al detalle. Por ejemplo, si compraste el gravamen de la Asociación de Propietarios o cualquier otro gravamen de nivel inferior después de que un titular de gravamen de mayor prioridad, como el propietario de la hipoteca original, presentó un Lis Pendens, entonces tu interés se eliminará al 100% más adelante. No tendrás derecho a impugnar la ejecución hipotecaria, ya que no eres nombrado como demandado en la demanda.

Te sorprenderá con qué frecuencia los inversores cometen este error evitable. Veo inversores individuales comprando en posiciones tan débiles todo el tiempo. Muy a menudo, en realidad verificaron si se presentó un Lis Pendens y no encontraron ninguno, pero no hicieron un seguimiento del historial del caso todos los días. Cuando negociaron un pago con el titular del derecho de retención y registraron la venta, el prestamista hipotecario ya había registrado su Lis Pendens...por lo que el inversor perdió todo su dinero simplemente porque se volvió descuidado. En el lado positivo, dado que están pagando la deuda de la propiedad, están creando plusvalía gratis para el próximo inversionista que aparezca y lea cuidadosamente el historial del caso.

Incluso hay una manera de aprovechar este nicho y obtener una participación mayoritaria en la propiedad después de que el proceso de ejecución hipotecaria haya comenzado. Sí, una vez que se presenta el Lis Pendens, el propietario de la vivienda bajo el agua es el acusado, por lo que no puede "entrar" en el caso y convertirse en la parte indispensable. Sin embargo, eso no significa que el propietario tenga que pelear el caso. Puedes comprar la "asignación de derechos" al caso del acusado, lo que te permite litigar la demanda en su nombre.

Por lo tanto, antes de aprovechar los gravámenes de la Asociación de Propietarios, debes saber exactamente cuándo y cómo ingresar y cuál es exactamente tu estrategia de salida.

1) Cómo evitar la sobreoferta

Al igual que con cualquier inversión, debes leer detenidamente todos los registros públicos, el historial de casos legales y los registros de impuestos de la propiedad para determinar el nivel mínimo de deuda pendiente. Los gravámenes conocidos no siempre incluyen un juicio final sobre otros costos evaluados, como intereses y honorarios de abogados. Además, en esta etapa bastante temprana, cuando el banco aún no ha ejecutado una hipoteca, puedes esperar que no todos los posibles interesados hayan presentado un reclamo formal de embargo. Por lo tanto, debes agregar un margen de error mayor a esa carga de deuda que lo que harías al ofertar por ejecuciones hipotecarias del prestamista. Por lo general, duplico mi estimación de deuda normal cuando calculo el diferencial de plusvalía, y la resto de la estimación más conservadora del valor de mercado de la propiedad. Solo entonces debes aplicar tu 70/30 u otro factor de tolerancia al riesgo para determinar tu oferta máxima.

Entonces, a primera vista, ese fallo de $5,000 a favor de la Asociación de Propietarios que subastará una casa de $200,000 con solo $120,000 pendientes en la primera hipoteca y ningún otro gravamen parece una buena oportunidad. Especialmente durante la adrenalina de una subasta. Es posible que sientas la tentación de agregar un 10% rápido al saldo del prestamista hipotecario, pagar los $5,000 de la Asociación de Propietarios y pensar que podrías ofertar hasta $23,000 por la propiedad y aún cumplir con tu regla del 30%.

Pero toma un momento para considerar lo arriesgado que es eso. Al igual que con las subastas de ejecución hipotecaria, hay muchas cosas que no sabes hasta que finalizas una búsqueda completa de títulos, por lo que vale la pena ser pesimista. Por ejemplo, incluso si no hay grandes sorpresas, ¿qué sucede si te encuentras en uno de esos estados que le otorga al propietario un largo período de redención para volver a comprar la casa? En algunos estados, esto puede durar hasta seis meses. Si la casa no está vacía, puedes esperar demoras y costos adicionales al desalojar a los inquilinos. Y, por supuesto, si tu equipo legal no está en tu nómina, puedes esperar que los costos de tu abogado se disparen antes de que termines.

Sobre todo, debes tener en cuenta el costo de oportunidad de pagar cualquier otra deuda antes de poder vender. Como no tienes un título limpio, puede ser increíblemente difícil para los posibles compradores calificar para recibir financiamiento. Por lo tanto, en lugar de pagar al banco con los ingresos de una venta, como con las reventas previas a la ejecución hipotecaria, primero debes depositar el dinero para limpiar el título. Fondos que podrían estar funcionando en otro lugar.

Una vez que tengas todo esto en cuenta, verás por qué necesitas un margen de plusvalía más grande de lo normal para justificar la compra del fallo de la Asociación de Propietarios en una subasta. Lo que no quiere decir que no puedas encontrar grandes tratos por ahí. He cerrado en una docena de estas subastas solo en mi condado local durante el último año, pero solo debes ofertar por las oportunidades más lucrativas. Realmente es fácil hacer una oferta excesiva en estas propiedades "baratas", ya que incluso los inversores inteligentes pueden sentirse atraídos a creer lo que quieren ver en su investigación. Pero siempre que tengas más precaución en tus estimaciones, evitarás los costosos errores que tantos inversores cometen todos los días.

2) Comprando el pagaré de la Asociación de Propietarios después de que se haya presentado un Lis Pendens.

Este es el error más costoso que puedes cometer, pero es el más fácil de evitar. Sin embargo, sigue siendo casi tan común como la sobreoferta. Sí, comprar el fallo de la Asociación de Propietarios en una subasta *o* ir directamente al propietario en apuros antes de la ejecución hipotecaria son formas económicas de obtener el control de una propiedad...Pero eso es solo si compras el pagaré de la Asociación de Propietarios *antes* de que cualquier titular de gravamen presente un Lis Pendens. Si compras en la posición después de que una de las partes presente un Lis Pendens, no aparecerás como demandado y perderás toda tu inversión. Esto puede sonar simple, pero es un error regular que me encuentro en muchas de las historias de casos que estudio a diario.

Al hablar con nuevos clientes, la confusión parece descansar en no entender lo que están comprando con un gravamen de la Asociación de Propietarios y la prioridad de los gravámenes. Independientemente de cuándo compres el pagaré de la Asociación de Propietarios, solo estás comprando los intereses de la Asociación de Propietarios en la propiedad. Recibes un título legal, pero es un título "sucio". No importa si estás operando en un estado de "súper derecho de retención", como Florida. Todavía estás obligado a los otros gravámenes de la casa. Esto es completamente diferente de una subasta de ejecución hipotecaria del prestamista, donde los intereses de todas las otras partes se liquidan en el proceso de ejecución hipotecaria.

Aquí es donde tantos inversores tienen problemas. Olvidan que obtener la escritura de renuncia del propietario es la parte más importante del proceso. El gravamen de la Asociación de Propietarios solo nos da un pie en la puerta. Entonces, los dos puntos previos a la subasta cuando teóricamente podrías comprar el interés de la Asociación de Propietarios para obtener el título de la propiedad, aunque el riesgo está por las nubes:

1. **Cuando la Asociación de Propietarios ha presentado un embargo preventivo, pero aún no un Lis Pendens para la ejecución hipotecaria.**

   Esto es lo que muchas personas intentan hacer, pero se topan con problemas con demasiada frecuencia. Piensan que, si se mueven rápidamente y negocian un acuerdo con la Asociación de Propietarios y el propietario para obtener la escritura y las asignaciones de derechos, pueden posicionarse para beneficiarse de cualquier plusvalía de la subasta de ejecución hipotecaria del prestamista. O incluso superar a todos los demás en una subasta y obtener un título limpio mucho más barato, ya que cualquier plusvalía sobre el juicio del prestamista iría a ellos.

   No puedo enfatizar lo suficiente en lo increíblemente arriesgada que es esta estrategia. El problema es que todo esto podría llevar semanas para organizarse, y no tienes idea de lo cerca que está el prestamista de la ejecución hipotecaria. Quizás estén a meses de distancia; tal vez la documentación ya está en el correo. Incluso si realizaste una búsqueda completa de títulos y no encontraste otros Lis Pendens registrados, el prestamista podría presentar uno en cualquier momento, lo que eliminaría tu inversión.

   Recuerda, dado que aún no tienes la escritura, no aparecerás como demandado. El único interés en los procedimientos de ejecución hipotecaria que tendrás es el gravamen original que ya compraste, y eso es suponiendo que hay un excedente después de que se pague el primer fallo. Entonces, el mejor de los casos que puedes esperar es alcanzar el punto de equilibrio. Es muy probable que pierdas todo lo que pones en la posición. El único consuelo que puedes tener es quizás una cesta de frutas del prestamista agradeciéndote por pagar parte de la deuda de la propiedad y enriquecerlo.

2. **Cuando la Asociación de Propietarios ha recibido un fallo final pero aún no se ha subastado.**

   Aquí, la Asociación de Propietarios ha presentado un Lis Pendens y recibió un fallo final del tribunal, pero el prestamista hipotecario original aún no ha presentado su propio Lis Pendens. En este punto, se ha fijado una fecha próxima para la subasta, pero aún no ha comenzado. Ahora no recomiendo esto como una oportunidad de compra, incluso si parece menos arriesgado entrar en la posición ahora.

No importa lo que esté sucediendo con este caso, ya que puedes tener ejecuciones hipotecarias múltiples al mismo tiempo. Todavía estás compitiendo con el banco para posicionarte como el dueño del título. Incluso pueden presentar un Lis Pendens mientras estás en medio de una subasta de ejecución hipotecaria de la Asociación de Propietarios, eliminando el interés de cualquiera que entre en la posición más tarde. Otro gran ejemplo de por qué las búsquedas de títulos son tan cruciales antes de realizar el pago final, por cierto.

En cambio, si se acerca la fecha de la subasta, puedes saltarte el pago del fallo de la Asociación de Propietarios y simplemente comprar la escritura y la asignación de los derechos excedentes directamente del propietario. Luego, puedes beneficiarte de cualquier excedente de la subasta o pagar la HOA antes de la subasta y comenzar a vender o alquilar la casa antes de que el prestamista haya comenzado a ejecutar la hipoteca.

Dicho esto, hay una manera más simple y segura de obtener ganancias de las propiedades cargadas con gravámenes de la Asociación de Propietarios.

3) Ve tras el excedente

Si bien generalmente recomiendo obtener la escritura de renuncia del propietario al igual que en una venta de propiedad en apuros, y luego pagar a la Asociación de Propietarios para detener la ejecución hipotecaria, hay otra opción. Si no estás interesado en ser dueño de la propiedad, pero esperas una gran diferencia entre el juicio de ejecución hipotecaria del prestamista y en cuánto venderá la casa en una subasta, entonces puedes posicionarte para beneficiarte de ese excedente esperado.

Por ejemplo, si ves una casa valorada en $350,000, con una hipoteca de $250,000 y un fallo de $5,000 para la Asociación de Propietarios adjunta, pero todavía no se presentó el Lis Pendens, puedes ir directamente a la Asociación de Propietarios y comprar su fallo y sus derechos al excedente. Con un poco de investigación en el historial del caso para asegurarte de que la Asociación de Propietarios tiene los derechos legales para la asignación de excedentes, puedes saltarte al propietario y simplemente esperar la subasta. En mi experiencia, una propiedad como esta, incluso si está bajo el agua con la hipoteca, debería ir por al menos $25,000 en una subasta. Eso es un excedente ordenado en mi bolsillo.

Si eres del tipo que toma riesgos, incluso puedes jugar con tu posición y ofertar contra ti mismo, a través de otra entidad. Todo lo que debes hacer es esperar a que llegue la subasta, controlarla y asegurarte de que la diferencia entre el fallo y la oferta real sea lo suficientemente buena como para que puedas obtener ganancias. Luego, sigue superando un poco la última oferta. Si te excedes, bueno. Entonces la posición está estropeada. Si alguien viene y te supera, bueno, mucho mejor.

Claro, no tienes más interés en la propiedad, pero obtuviste una ganancia rápida y considerable con un mínimo de inversión. Recuerda, para lograr esto necesitas:

- Saber quién tendrá prioridad para el excedente y cuál es la cantidad esperada.

- Una buena idea de en cuánto se venderá en una subasta.

4) Plusvalía negativa: Usando la Asociación de Propietarios para beneficiarte de los propietarios bajo el agua

Por lo general, es más difícil sacar provecho de las casas bajo el agua al escanear a Lis Pendens de los prestamistas, porque tendrás poca capacidad para luchar contra el banco después de que hayan presentado su demanda. Sin embargo, la subasta de la Asociación de Propietarios nos brinda una oportunidad única de ingresar a la posición realmente barata por delante del banco.

Todavía estamos llevando a cabo la transferencia de título estándar de la táctica del propietario, pero lo estamos haciendo antes de que se presente un Lis Pendens para convertirnos en la parte indispensable.

Luego negociaremos un pago de la HOA para detener esa ejecución hipotecaria, mientras luchamos contra la ejecución hipotecaria del prestamista tan pronto como se involucren. Ahora podemos retrasar la venta y alquilar la propiedad, luego saldar la deuda a una tasa increíble o simplemente comprar el lugar nuevamente en una subasta. Pero, de nuevo, eso es solo si también obtienes la transferencia del título del propietario y lo haces antes de que el prestamista ejecute la hipoteca.

En muchos casos, esta es también la forma más barata de comprar la ejecución hipotecaria de la Asociación de Propietarios porque hay mucha menos competencia.

Por ejemplo, hay una ejecución hipotecaria de $5,000 de la Asociación de Propietarios en Subasta de sentencia ejecutoria. La casa vale $250,000. No se han presentado Lis Pendens todavía. La hipoteca adeudada es de aproximadamente $350,000.

Cuando veo un fallo de $5,000 de la Asociación de Propietarios sin Lis Pendens y comenzó una subasta. Como inversor la quiero porque sé que hay muchas maneras en que puedo revelar más plusvalía. Sin embargo, también lo hacen todos los demás. Esto se ha convertido en una tendencia particularmente atractiva desde el 2015.

Entonces, ¿por qué gastar $25-$35,000 en una subasta, cuando puedo buscar el número de caso y la dirección de la propiedad, y luego rastrear al propietario? Podría obtener la escritura y la asignación de excedente directamente del propietario bajo el agua por solo $10,000 y ganar varias veces más antes de que salga a subasta.

Pero exploremos todas tus oportunidades aquí, incluso en el peor de los casos. Digamos que una casa de $200,000 tiene un gravamen de $10,000 de la Asociación de Propietarios contra ella, más una hipoteca de $300,000. Y esa es solo la deuda que viste en la búsqueda de título no oficial. Si están tan bajo el agua, es probable que no estén pagando los impuestos a la propiedad, el seguro y quién sabe qué más.

Bueno, no huyas todavía. Hay un nicho de inversores particularmente sofisticado que puede ayudar a estos propietarios de viviendas "desesperanzados". El propietario claramente ha abandonado esta casa y cree que solo puede perder dinero en la propiedad. Lo que significa que cualquier trato en efectivo que le ofrezcas parecería un sueño hecho realidad.

Pero, ¿por qué diablos arrojarías un centavo a una propiedad que tiene -50% de plusvalía? Porque si eres lo suficientemente rápido como para comprar y grabar el título *antes* de que cualquier otro titular de gravamen presente un Lis Pendens, tienes una gran ventaja. Como titular del título, tú te conviertes en una "parte indispensable" para la casa...pero sin ninguna obligación para el prestamista. Después de todo, no firmaste ningún pagaré. Ahora, esto no significa que el banco no tenga interés en la propiedad, solo que no pueden eliminar tu interés. Entonces, si finalmente la venden en una subasta, tienes derecho a cualquier plusvalía por encima de su fallo final.

Entonces le ofreces a este propietario $5,000 en efectivo para transferirte el título. Eso es aproximadamente un 10,000% más de lo que esperaban ver de la casa, por lo que están bastante satisfechos. Luego pagas el gravamen de $10,000 de la Asociación de Propietarios para que tu título esté completamente limpio. Boom, acabas de comprar una casa de $200,000 por $15,000, y no tienes una deuda con nadie.

Eventualmente, el prestamista notará la transferencia del título y demandará por ejecución hipotecaria, contigo nombrado como el demandado. Ese proceso solo lleva varios meses, dependiendo de dónde se encuentren en el proceso de ejecución hipotecaria, pero no es gran cosa. Hay muchas maneras de luchar contra esto y ganar más tiempo. Cualquier abogado decente puede presentar una moción tras otra para mantener a los lobos a raya durante al menos dos años. El mío se especializa en este campo y generalmente puede luchar contra ellos durante tres años...todo mientras estoy alquilando el lugar con grandes ganancias, ya que no estoy pagando una hipoteca sobre la propiedad. Todo lo que estoy pagando son las tarifas de la Asociación de Propietarios y los gastos normales de administración de la propiedad y arrendador.

Ahora, por obvias razones éticas y legales, debes revelar estos hechos a tus inquilinos. Aún mejor, debes atenerte a alquileres de tipo Airbnb a corto plazo para evitar problemas.

Y eso es suponiendo que el prestamista está totalmente comprometido a subastar la propiedad. Muy a menudo, el banco se da cuenta de cuánto tiempo puedo luchar contra esto, cuán inciertos son los valores de las viviendas en el futuro y comprende los costos de tiempo y oportunidad involucrados. Entonces, si quiero, siempre puedo negociar un "acuerdo de pago de amortización" con un fuerte descuento para obtener la hipoteca perdonada.

Por supuesto, si hay una gran plusvalía en la vivienda o las tasas de alquiler en el área no son tan altas, no quiero alquilarla. Quiero venderla rápido. Por lo tanto, es más rentable para mí no luchar contra la ejecución hipotecaria ni negociar un pago. En cambio, haré todo lo que pueda para acelerar el proceso de ejecución hipotecaria para el prestamista. Porque una vez que esto vaya a subasta, tengo dos grandes ventajas sobre cualquier otro postor. Primero, dado que tengo acceso físico a la propiedad, mientras que cualquier otro inversionista solo puede hacer un recorrido, puedo armar una estimación de costos de rehabilitación y Análisis de Mercado Comparativo mucho más precisa. En segundo lugar, puedo superar a todos los demás, porque me devolverán todo lo que haya sobre el fallo final del banco.

Para un ejemplo común de un acuerdo anterior, compré la escritura de una casa valorada en $250,000 directamente del propietario de una casa en dificultades. Después de pagar todos los gravámenes de nivel inferior, como la Asociación de Propietarios y algunos impuestos impagos, terminé invirtiendo ~$17,000 en la propiedad. Una semana después, el prestamista hipotecario se da cuenta de lo que está sucediendo y presenta su Lis Pendens para comenzar la ejecución hipotecaria, nombrándome como el único acusado.

Mi plan original era luchar contra el banco y alquilar el lugar durante al menos dos años, ya que la propiedad estaba cerca de una universidad y podía cobrar un considerable monto de alquiler. Debería haber sido fácil duplicar mi inversión incluso después de los costos de arrendador. Sin embargo, una vez que el inspector de viviendas presentó su informe y mi compañero hizo un recorrido minucioso, nos dimos cuenta de que la casa no estaba tan bien mantenida por dentro como parecía desde la calle. Bueno, "mantenida" es una linda manera de ponerlo. Claramente, los últimos propietarios no estaban satisfechos con su banco y se vengaron en esos últimos días antes de mudarse. Quiero decir, ¿qué iban a hacer con esas tuberías de PVC que arrancaron de las paredes? Pero, me he desviado. En resumen, tomaría al menos dos meses y otros $40,000 reparar el daño extenso que dejaron los ocupantes anteriores. Por lo tanto, la casa definitivamente estaba sobrevalorada en ese momento.

En lugar de decepcionarme, estaba emocionado de descubrir esta nueva información que nadie más conocía. Verás, el banco estaba demandando por $130,000, más intereses y gastos. La hipoteca solo había estado en mora durante tres meses, por lo que, si la ejecución hipotecaria era rápida, su reclamo total solo debería haber sido de $143-150,000. Sin embargo, si luchara contra ellos durante dos o tres años, probablemente obtendrían un fallo final que excedería el valor de la casa.

Así que me puse en contacto con el sorprendido administrador de préstamos y, en lugar de lanzar un acuerdo de pago por llaves o hacer amenazas legales, simplemente le pregunté cómo podría ayudar a acelerar el proceso de ejecución hipotecaria. ¿Qué necesitaban de mí y de mi abogado para que el proceso fuera más fluido y rápido? Unos meses después, pusieron la casa en subasta, con un fallo final de $152,000. Aunque podría haber superado a todos con mi posición excedente, ni siquiera me molesté en hacer una oferta.

Simplemente no habría habido suficiente plusvalía en la casa para que valga la pena mi tiempo después de pagar al prestamista, desembolsar las costosas reparaciones, más mi inversión original y los costos de tenencia/cierre. Pero supervisé la venta, curioso si el excedente solo me generaría una ganancia. Justo como esperaba, muchos inversores se sintieron atraídos por la gran diferencia entre el monto del fallo y el valor estimado. Aquellos inversionistas que se apegaron a la regla 70/30 estaban poniendo ofertas de $170-180,000, dependiendo de cómo calcularon el valor de la vivienda. Incluso tuvo una breve guerra de ofertas en los últimos minutos, lo que elevó el precio final de la subasta a $185,000.

¿Y ese excedente adicional de $33,000 entre el fallo y el precio de venta final? Depositado en mi cuenta unas semanas después. Gran retorno total de aproximadamente el 50% de mi inversión inicial dentro de dos meses, todo sin gastar un centavo en costos de renovación o cierre. Entonces, no, no me arrepiento de comprar "un limón" de casa. Si haces tu tarea de plusvalía, a menudo puedes convertirla en limonada.

Si las cosas hubieran resultado de otra manera y la casa estuviera en excelentes condiciones, aún habría sido rentable impulsar la ejecución hipotecaria. Dado que me devolverían todo lo que supere el monto del fallo final, podría haber superado fácilmente a la competencia y haber comprado la casa de forma gratuita y limpia por el precio neto de $152,000 (menos las tarifas de ejecución hipotecaria). Lo que habría revelado casi el 40% de la plusvalía de la propiedad antes de hacer algo para rehabilitar el lugar.

Estas estrategias pueden sonar exóticas, pero son bastante rutinarias. He tomado el título de más de 100 propiedades, especialmente condominios, utilizando esta técnica. El más antiguo se remonta al 2013, y todavía lo alquilamos solo por el costo de las tarifas de la Asociación de Propietarios, los impuestos y las tarifas estándar de administración de propiedades. La inversión inicial en efectivo relativamente menor significa que generalmente estoy ganando 300% o más. No solo es un grandioso lugar para guardar el exceso de efectivo cuando estoy entre grandes ofertas, sino que es mi método estándar hoy en día para acumular inventario de alquiler. No hay una forma más barata o más rápida de alquilar propiedades de alta calidad con un precio tan elevado.

5) Alquiler de propiedades en ejecución hipotecaria

Mientras tú seas el propietario del título, puedes alquilar la casa legalmente. Obviamente, hay algunas condiciones adicionales que debes revisar para evitar problemas:

- Sigue pagando las tarifas de la Asociación de Propietarios y los impuestos a la propiedad siempre que tengas un inquilino allí. Todos los demás gravámenes y cobradores de deudas los puedes ignorar o luchar en la corte.

- Ofrece a los inquilinos un contrato de arrendamiento mensual y trátalos tan bien como lo harías con cualquier inquilino a largo plazo. Asegúrate de que tu agente de administración de la propiedad explique claramente que se trata de una propiedad de inversión ejecutada hipotecariamente por un prestamista anterior y que existe la posibilidad de que tenga que desalojar la propiedad antes. Incluye alguna forma de compensación financiera para cubrir los costos de mudanza inesperados del inquilino si el banco fuerza la subasta antes de lo planeado. Además de la decencia humana básica, hacer todo esto aumentará la calidad de tus inquilinos y evitará que obtengas una reputación como una especie de "señor de los barrios bajos".

- En el improbable caso de que el prestamista intente recaudar el ingreso de tu renta mientras está en ejecución hipotecaria, no te preocupes. Esto es fácil de detener para cualquier abogado de ejecución hipotecaria. Es raro que prueben esto para alquileres residenciales, ya que los márgenes de beneficio para ellos después de los honorarios de los abogados son muy bajos. Esta es principalmente una táctica de miedo destinada a llevarte a la mesa de negociaciones.

6) Combatir la ejecución hipotecaria

Debería escribir un libro entero sobre este tema solo. Sí, he aprendido muchos consejos trabajando con algunos de los mejores abogados de ejecuciones hipotecarias en mi estado, además descubrí algunos trucos legales únicos. Y cubro esta maniobra legal con más detalle en mis cursos en línea, pero el problema es que gran parte del proceso específico varía de estado a estado. Incluso a veces de condado a condado. Los nombres y el orden de presentación de ciertas mociones, cuántos días tienes para presentar peticiones específicas, etc. los detalles varían en cada jurisdicción.

Me doy cuenta de que todo esto suena intimidante e innecesariamente complejo a primera vista, pero si estás trabajando con un abogado confiable que se especializa en litigios de ejecución hipotecaria, aprenderás rápidamente. Las recompensas potenciales y la falta de competencia es la razón por la que vale la pena invertir el tiempo y el dinero para dominar este nicho. Aquí está la descripción general del litigio de ejecución hipotecaria cuando tu objetivo es simplemente retrasar la subasta el mayor tiempo posible:

Juego temprano:

Aquí has asumido el título, ya sea de una subasta de Asociación de Propietarios o comprado directamente del propietario. O estás alquilando la propiedad al propietario original o has encontrado un nuevo inquilino en un contrato de arrendamiento mensual. El prestamista original aún no ha presentado su Lis Pendens para iniciar la ejecución hipotecaria.

Mitad del juego:

Entras en esta etapa cuando el primer prestamista hipotecario se pone serio y presenta su Lis Pendens, pero aún no ha recibido un fallo final.

Fin del juego:

Ahora el prestamista tiene un fallo final del tribunal y se ha establecido una fecha de subasta. Es hora de que elijas tu estrategia de salida para beneficiarte de la plusvalía, volver a comprar la casa o presionar por un acuerdo de última hora. En este punto, has aprendido mucho más sobre la propiedad después de tantos años de ocupación física, por lo que deberías ser capaz de obtener estimaciones de plusvalía precisas de bisturí.

En cualquier caso, informa a tu inquilino lo antes posible. Incluso después de la subasta, si necesitas comprar más tiempo para que el inquilino se mude, puedes presentar una objeción a la venta. Rara vez ganarás en este momento, pero compra algunas semanas más para asegurarte de que no estás violando el contrato de arrendamiento mensual. Si tienes un inquilino de calidad, obviamente esto es bastante importante. Tal vez incluso puedas mudarlos a otra propiedad tuya si hay una vacante.

FASE TRES:
Gestión del riesgo en cualquier mercado

Velocidad, inventario y costo de oportunidad:
Por qué un pájaro flaco en la sartén vale más que 100 volando

Si sueñas con revender la casa perfecta y anotar el "gran punto", o planeas retirarte temprano con un puñado de reventas de casas, entonces déjame ahorrarte el dolor y explotar tu burbuja ahora. La inversión inmobiliaria minorista es muy parecida a la venta minorista regular: se trata de volumen y rotación de inventario. Amazon no pasó de ser un humilde minorista de libros usados a una empresa de un billón de dólares vendiendo costosas marcas de lujo. Se centraron en dominar el mercado de productos de bajo margen que podían vender rápida y repetidamente a las masas. Como inversor inmobiliario, necesitas esa misma mentalidad para encontrar el éxito continuo que se construye sobre sí mismo.

No comprarás y mantendrás propiedades, como un viejo especulador de tierras que espera un gran desarrollo futuro. Tampoco vas a renovar una choza a una mansión para que las estrellas de Hollywood se la traguen.

En cambio, si te tomas en serio no solo sobrevivir sino prosperar en este negocio ultra competitivo, entonces te apegarás a las estrategias clásicas mucho menos glamorosas, pero más seguras. Eso significa comprar tantas casas aburridas y de valor promedio como sea posible, realizar la rehabilitación mínima y luego revenderlas para obtener una ganancia modesta lo más rápido posible. Enjuaga y repite. No, no es "atractivo", pero es el único sistema probado que funciona en cualquier tipo de mercado.

Este enfoque también es el más seguro. Piénsalo. Si ningún trato puede hacerte, ningún mal trato puede romperte.

Recambio

Idealmente, debes aspirar a un recambio de cuatro meses, desde la colocación de tu oferta de compra inicial hasta el cierre final cuando vendas. Y hazlo con varias casas a la vez.

Inventario

En este negocio, no tiene sentido sentarse en una pila de efectivo para un día lluvioso. Sí, naturalmente, mantén un colchón de liquidez para protegerte contra cualquier sorpresa, pero vuelve a poner en funcionamiento la mayor parte de tu capital tan pronto como cierres un trato. Puedes descansar en tus laureles cuando estés listo para retirarte.

El poder cambiante del juego del recambio de inventario

Digamos que estás comenzando con un cofre de guerra de $20,000. Después de cruzar los registros de la corte, obtienes una transferencia de título de un propietario angustiado al borde de la ejecución hipotecaria y la bancarrota por $10,000. Hay otros $100,000 en gravámenes sobre la casa. Incluso si no puedes negociar la reducción de la deuda, todavía hay una plusvalía considerable en la vivienda en este momento.

Así que ahora tienes que elegir cómo maximizar tus ganancias. Realmente esperas que la casa se mueva en este momento por $150,000, con una puesta en escena regular y reparaciones menores. Después de cancelar la deuda y tener en cuenta tus costos totales, obtendrías solo $22,500, pero lo harías en solo 3-5 meses.

Sin embargo, supongamos que la renovación y la rehabilitación son tu fuerte. Pasión, de verdad. Estás bastante seguro de que, si inyectas el resto de tu efectivo y suficiente dedicación, puedes revender a este chico malo por $250,000...pero te llevará todo el año. A pesar del aumento de los costos de inversión, tenencia y cierre, calculas que aún ganarías $67,500 cuando todo esté dicho y hecho.

Exactamente tanto como hacer la reventa más rápida tres veces al año, entonces, ¿por qué no enfocarte solo en esta casa?

Los problemas son los rendimientos compuestos y los costos de oportunidad perdidos. Si te atienes a la opción más rápida pero menos rentable, tendrás el doble de capital de trabajo para tu próxima inversión ($42,400 frente a $20,000). Esto te permite comprar propiedades más caras con mayor plusvalía o replicar una reventa similar a la primera vez...pero haciendo dos de estos tratos a la vez.

En aras de la simplicidad, supongamos que pones tu capital a trabajar en la creación de inventario y tus próximas inversiones son dos casas diferentes con el mismo precio. Ganas $20,000 de una, pero tuviste algunos problemas imprevistos con la segunda, por lo que solo obtuviste ganancias de $10,000 allí. Aun así, has incrementado tus ahorros iniciales de $20,000 a $72,400. Y todavía quedan cuatro meses en el año...Entonces pones todo ese dinero en revender cuatro propiedades a la vez esta vez. Las dos primeras generan $20,000 en ganancias cada una, la siguiente $30,000, tu mejor trato hasta ahora. Incluso digamos que en este punto te sientes demasiado confiado y te equivocas. Subestimaste enormemente tus costos o te perdiste de algo en tu análisis de valor de mercado. Entonces, en realidad, pierdes $10,000 en el cuarto trato. Duele un poco, pero no estás agotado.

Porque cuando sumas el balance general en el momento impositivo del próximo año y haces un balance del año, apenas puedes quedarte quieto. En lugar de dedicarte todo el año para obtener una gran reventa por solo $67,500, revendiste siete propiedades aburridas en un solo año y ganaste $102,400. Incluso después de perder en un solo trato y nunca ganar más del 20% en un solo esfuerzo. Ahora, en lugar de masajear la loción en tus manos magulladas y callosas, estás abriendo champán mientras planeas estrategias para revender el doble de casas el próximo año.

Rehabilitación de casas: Agregar valor máximo con un esfuerzo mínimo

¿Qué mejoras y reparaciones realmente valen la pena?

No me verás entrar en muchos detalles aquí, porque probablemente te enfermes y te canses de escucharlo. Apégate a las mejoras simples, genéricas y rápidas que hacen que la propiedad se vea "agradable" pero no especial. A menos que tengas una ventaja única y tu nicho esté rehabilitando propiedades seriamente dañadas, deberías rechazar cualquier inversión que requiera un presupuesto de reparación significativo durante la fase de inspección y recorrido.

Recuerda, estamos buscando valor oculto y formas de revelar la plusvalía. Pocos proyectos de mejoras para la casa agregarán mucho más valor de lo que cuestan, por lo que el objetivo es simplemente lograr que la casa tenga una forma vendible de la manera más barata y rápida posible.

Tal vez esa renovación completa de $10,000 de la cocina o el baño principal en el que estás pensando podría agregar $15,000 al precio de venta final, pero eso es pura especulación. No se tienen en cuenta los gustos de tus posibles compradores. Incluso si resulta que tienes razón y todo funciona bien, el rendimiento neto será mucho menor al 50%. Estás agregando gastos al aferrarte a la propiedad por más tiempo y, lo que es peor, perdiendo los costos de oportunidad ya que estás atando dinero que podrías usar en otro lugar. Y ese es el *mejor* de los casos cuando tu apuesta paga exactamente según lo planeado.

Si tomaste en serio la lección anterior sobre el valor masivo de revender lo más rápido posible para acumular inventario y obtener rendimientos compuestos, entonces esta debería ser una mentalidad fácil de adoptar. Cada día adicional que retienes una propiedad debería sentirse como si alguien estuviera sacando dinero de tu bolsillo.

Nota: Dicho todo esto, nunca tomes atajos. Nunca cedas a la tentación de ignorar algo que necesita ser arreglado a favor de pintar sobre ello u omitas el proceso de permisos para ahorrar unos cuantos dólares. Solo te estás disparando en el pie. Además de los costos obvios cuando el comprador descubre estos problemas y exige costosos créditos de último minuto, o incluso se retira del trato por completo, tu reputación está en juego. No solo con futuros compradores minoristas, sino también con inversores y otros profesionales que necesitas a tu lado para el éxito a largo plazo. Nada va a obstaculizar tu negocio más rápido que obtener una reputación como operador de dudosa reputación.

Tuercas y tornillos de renovación y gestión de contratistas.

La confianza es buena, pero el control es mejor.

El aspecto que lleva más tiempo al revender cualquier casa es que debes micro gestionar todo lo que sucede en la propiedad. Ya sea que lo hagas tú mismo o que tengas un contratista general con experiencia como socio, alguien debe inspeccionar todo el trabajo que se está haciendo con un ojo de águila. Y de forma regular.

Cada proyecto requiere un cronograma de inspección diferente según su complejidad, costo y riesgo. Por ejemplo, probablemente no necesites verificar cada hora que los pintores estén haciendo un buen trabajo. Solo asoma la cabeza una vez para preguntarles si "quieren algo de beber", mientras miras a su alrededor para asegurarte de que están usando la pintura adecuada y la esparcen de manera uniforme es suficiente.

Por otro lado, para elementos más grandes como remodelaciones de cocina o agregar/quitar paredes, debes revisar en diferentes etapas del progreso. Como mínimo, debes llegar a niveles completos de 25%, 50% y 75%. Tómate tu tiempo y compara los planos o las instrucciones de instalación con lo que tienes delante. El producto final puede verse bien, pero si alguien corta el proceso y se salta detalles importantes, podrías encontrar que el proyecto no pasa la inspección de cumplimiento del código, lo que te carga con más tarifas y dolores de cabeza más adelante.

Por lo tanto, haz todas las preguntas que se te ocurran, sin importar cuán pequeñas o "estúpidas" suenen. La clave es nunca esperar hasta que se termine un gran trabajo, o incluso a medio terminar, antes de ver el progreso tú mismo. Incluso si no hay problemas, estas inspecciones constantes no son una pérdida de tiempo. Dormirás mejor por la noche, mientras aprendes lecciones invaluables sobre los entresijos de las reparaciones y renovaciones. Y no para poner un punto demasiado fino en ello, sino que tu presencia constante es un gran motivador para mantener a tus trabajadores honestos y enfocados.

Las únicas preguntas tontas son las que nunca se hacen

Nunca tengas miedo de hablar y cuestionar a cualquiera con quien estés trabajando. Esto no es ofensivo ni agresivo, sino más bien proactivo. Un verdadero profesional no se pondrá a la defensiva ni se excusará por algún error. Explicarán pacientemente por qué estás equivocado, citarán los códigos de construcción relevantes de las instrucciones del manual, o simplemente aceptarán la responsabilidad, corregirán el error rápidamente e implementarán medidas correctivas para asegurarse de que no vuelva a suceder. Si por alguna razón a tus contratistas se les erizan los pelos, se enojan o se excusan mientras estás siendo educado y solo haces preguntas, entonces es una gran señal de alerta de que estás trabajando con aficionados y deberías encontrar a alguien más.

Es tu dinero y reputación lo que está en juego, después de todo. Tal vez no tengas experiencia en trabajos de plomería, carpintería o electricidad, pero al menos sabes cómo deberían verse las cosas. Cualquier cosa un poco fuera de lugar para tu ojo inexperto es una buena señal de que hay algo más profundo que está mal.

Así que nunca te preocupes por hablar y desafiar a tus contratistas incluso por errores menores. Si no reparan el problema de inmediato y se aseguran de que nada de eso vuelva a ocurrir, es hora de despedirlos y encontrar a alguien más. Ahora, todos cometen errores y es difícil encontrar buena ayuda, así que no te apresures. Te conviene probar todo lo que puedas para resolver el problema antes de despedirlo, pero si el contratista solo puede proporcionar excusas en lugar de soluciones, cuanto antes lo hagas, mejor. Sí, es frustrante tener que abandonar un proyecto parcialmente terminado y pasar por la molestia de encontrar otro equipo para terminar...pero siempre es mucho más barato hacer las cosas bien la primera vez. Y cuanto antes en el proceso hagas el despido, menos dinero perderás.

Amigos y familiares

De la mano con el control está la necesidad crucial nunca contratar a alguien cercano. Está bien asociarse con amigos y familiares como iguales, pero contratarlos para que *trabajen* para ti es una receta para el desastre. Agregar una relación personal a la relación cliente/contratista es solo pedir problemas.

Lo sé, lo sé. Es más fácil decirlo que hacerlo. Tu primo es bueno con sus manos y realmente necesita el trabajo. Tu cuñada acaba de comenzar un negocio de paisajismo y podría usar algunos clientes iniciales. Tu amante, viejo amigo del ejército, el mejor amigo desde la infancia, etc., está pasando por tiempos difíciles y tú les debes mucho. Los ejemplos siguen y siguen, y todas parecen situaciones de ganar-ganar. ¿Qué podría ser mejor que contratar a alguien en quien confías y poder ayudar a alguien que te importa al mismo tiempo?

Sin embargo, enfrentemos la dura realidad: muchas más cosas pueden salir mal al mezclar los asuntos personales y las emociones con los negocios de las que pueden salir bien. Y estás en el negocio de la *gestión* de riesgos, no en tomar apuestas innecesarias.

Incluso si no tienes que lidiar con un caso de incompetencia, pereza o alguien que vende en exceso sus habilidades, todos siguen cometiendo errores o tienen problemas de vida personal que se interponen en el camino. ¿Qué haces cuando tu yerno comete un error honesto que requiere reparaciones costosas? Un contratista profesional con el que no estés relacionado solucionaría el problema a su propio costo, pero ¿qué se supone que debes hacer con la familia? ¿Vas a hacer que trabaje "fuera de hora", básicamente sacando dinero del bolsillo de tu familia para arreglar las cosas? ¿O simplemente tomar el golpe financiero tú mismo? ¿Tal vez deberías despedirlo y buscar a alguien más? No hay un resultado feliz en esta situación, así que hazte un favor a ti y a tus seres queridos al no poner a nadie en esta situación en primer lugar.

Ahora, no estoy diciendo que tienes que ser un HDP insensible y decirles que se vayan al infierno. En este negocio, establecerás todo tipo de contactos en poco tiempo con otros inversores, contratistas y empresas de administración de propiedades. Si tu amigo o familiar realmente tiene alguna habilidad, entonces recomiéndalo a tus colegas. Los freelancers viven o mueren por recomendaciones de boca en boca, y la confianza es notoriamente difícil de encontrar en este mundo, lo que significa que unas pocas buenas palabras dicen mucho.

Entonces, si realmente te preocupas por alguien, hazle un verdadero favor y ayúdalo a trabajar con alguien que no seas tú.

Negociación preventiva: Cómo mantener la ventaja incluso en cualquier mercado.

Todo se reduce al apalancamiento, por supuesto, pero el apalancamiento no es una situación clara de "lo tienes o no". Tanto el comprador como el vendedor ejercen todo tipo de presiones entre sí en cada trato, por lo que el apalancamiento es una cuestión de grado. Naturalmente, sabes que necesitas minimizar cada punto de presión que el otro lado tiene sobre ti, mientras maximizas tu propia presión, para obtener una ventaja de apalancamiento.

Sin embargo, un enfoque aún mejor es estructurar tus operaciones para que la otra parte nunca tenga la oportunidad de aplicar un apalancamiento significativo en primer lugar. En resumen, apila el mazo de la negociación a tu favor incluso antes de reunirte con vendedores o compradores.

Esto no es tan difícil como podría parecer. La clave es identificar los puntos de presión específicos que la otra parte podría ejercer y maniobrar con anticipación. Así que repasemos las fuentes más poderosas de supuesta influencia que tus clientes, inquilinos y posibles compradores tienen sobre ti y cómo puedes evitar esas amenazas de raíz...y aprovecharlas.

Comprar tu oferta para crear una guerra de ofertas

Esto es solo apalancamiento si lo permites. Como mencioné antes, mantente firme y apegado al plan. Una vez que el vendedor se dé cuenta de que no vas a jugar, entonces contraataca compartiendo tus datos. Muéstrales cómo llegaste a tus cifras de plusvalía y oferta máxima, y especialmente todas las diversas deudas y riesgos asociados a su vivienda. Explica en detalle cómo toda la plusvalía que atrae a los inversores es un activo perecedero. Su posición de negociación se está reduciendo todos los días y esta es su última oportunidad de obtener algo del acuerdo antes de que salga a subasta.

Si están en la cerca en este punto y hay mucha plusvalía en el trato, incluso puedes ofrecer endulzar el acuerdo de una manera que ningún otro inversionista en efectivo hará. Ofréceles una provisión en el acuerdo colateral para una pequeña participación en la venta final, 1-3%, para que puedan beneficiarse de ambos extremos del trato. Obviamente, este es un último recurso, la última bala, pero vale la pena antes de dejar escapar un gran juego.

Daños a la propiedad

Ya sea que se trate de un vendedor de casas recalcitrante que tiene dudas o un inquilino, la clave para evitar daños a la propiedad no son las amenazas ni la intimidación. Se trata de incentivarlos desde el principio para hacerlos socios. Puedes hacerlo mediante pagos contingentes al propietario de la vivienda o agregando efectivo adicional en el depósito de seguridad para los nuevos inquilinos para que obtengan dinero "gratis" si dejan la propiedad en buenas condiciones.

Si bien no todos son perfectamente razonables, estas estrategias simples funcionan la gran mayoría de las veces. En el raro caso de que un inquilino esté tratando activamente de chantajearte, no te pongas emocional. Anímate y ofrece un poco de dinero en movimiento. Siempre tienes tu orden de posesión y puedes llamar a la policía para sacarlos, pero si unos pocos cientos de dólares adicionales pueden evitar todos estos problemas, ¿por qué no? No están obteniendo lo mejor de ti, ya que todavía estás generando ganancias generosas. Siempre es preferible compartir una pizca de grasa para engrasar las ruedas y mantener todo en movimiento sin problemas, en vez de tener una mezquina venganza.

Prestamistas tercos

Hemos hablado un poco sobre la presión legal que puedes desatar para llevar a los prestamistas irracionales a la mesa de negociaciones, y cómo tienes la ventaja de costo-efectividad en esa pelea. También es importante tener en cuenta que un inversor tiene su propio apalancamiento especial en estas situaciones.

En primer lugar, todo el crédito y el arma de ejecución hipotecaria que arruina la vida, la "Espada de Damocles" que utilizan para intimidar a los propietarios no tiene ningún efecto en ti. Pueden negociar y obtener la mayor parte de lo que quieren, o vender la deuda a un cobrador por centavos por dólar. De cualquier manera, sin tu sacrificio. Realmente les estás haciendo un favor.

En segundo lugar, cuanta más plusvalía en un trato, más tienes en el juego, pero ellos tienen menos. Al principio, eso puede parecer un apalancamiento para ellos, hasta que pienses en los costos de oportunidad. El prestamista tiene menos que ganar al llevar la ejecución hipotecaria a una subasta, por lo que no estará dispuesto a invertir tanto en honorarios de abogados. Y mucho menos para que el representante del prestamista gaste demasiado de su tiempo personal luchando contra ti. Simplemente no es rentable para ellos, pero lo es para ti.

Si los prestamistas necesitan recordar la fortaleza de tu posición, entonces un enfoque de zanahoria y palo es bastante útil. Al mismo tiempo que tu abogado presenta la última moción de demora, comunícate personalmente con el punto de contacto del prestamista e intenta descubrir cómo puedes simplificar la vida de todos. Sé personal con el representante del prestamista. Muchas de estas compañías no serán bancos tradicionales, sino también inversores inmobiliarios. Hay muchas maneras interesantes de agregar valor entre sí, además de disputas sobre algunos puntos porcentuales en el trato.

Este es uno de mis temas favoritos y entro en gran detalle sobre estrategias alternativas de negociación en mis cursos en línea.

Vendedores aprovechando la presión fiscal

En algún momento u otro, querrás aprovechar la generosa regla de intercambio 1031 del Servicio de Impuestos Internos. Si bien esta es una excelente manera de diferir los impuestos y acumular riqueza, hay una gran desventaja operativa. Una que los vendedores inteligentes intentarán usar en tu contra con la esperanza de forzarte a que pagues un precio superior por su propiedad.

Para transferir tus ganancias de capital y evitar pagar impuestos, tienes 45 días para identificar una inversión de reemplazo y 180 días para cerrar. Eso agrega un nivel de estrés que puede llevarte a cometer errores de gestión de riesgos elementales. Después de todo, ahora tienes que sopesar el costo potencial de una factura de impuestos repentina si abandonas una nueva inversión contra la posible pérdida de permanecer en la posición. Esto también les da a los vendedores influencia sobre ti. Incluso si te niegas a ceder en el precio, intentarán agregar todo tipo de términos y condiciones ridículas, sabiendo que te someterás a ellos de mala gana en lugar de hacer un cheque gordo al Servicio de Impuestos Internos.

Esto puede ocurrir incluso cuando se trata de propietarios angustiados. Todo lo que tienen que hacer es tener una conversación rápida con un agente del vendedor o un abogado y se darán cuenta de que pueden obtener todo tipo de concesiones de última hora de ti.

Afortunadamente, hay una forma simple de evitar todo esto. Obviamente, querrás verificar todo con tu abogado y contador para asegurarte de cumplir con la ley, pero hay formas legales de salir de esta situación.

Simplemente compra la propiedad de reemplazo antes de cerrar la primera y revéndela para ti. Sí, esto requiere más capital y hay más detalles involucrados, pero es muy superior a permitir que los vendedores tengan influencia sobre ti. En los cursos en línea, me sumerjo en detalles complejos sobre las estrategias de intercambio. Especialmente cómo aprovechar los ingresos de alquiler para intercambiar tu cartera por propiedades cada vez más valiosas.

Tipos de propiedades de las que debes estar cansado como revendedor o inquilino

Si bien encontrar viviendas fuera del mercado con plusvalía incorporada es la clave más importante para el éxito en este negocio, solo comprar una propiedad que puedas vender rápidamente o alquilar rápidamente es el segundo lugar. Esta última parte a menudo se pasa por alto, incluso por inversores experimentados, especialmente cuando están babeando por un trato que es demasiado bueno para ser verdad. No importa cuán grande sea la diferencia entre la plusvalía que estás comprando y el precio que pagas, ese "trato asesino" puede desangrarte si no has tenido en cuenta tus costos de tenencia y oportunidad. Recuerda, el tiempo es dinero; dinero que entra o sale de tu bolsillo todos los días.

Es por eso que las casas relativamente pequeñas y aburridas en una subdivisión clónica se venden mucho más rápido y con un retorno de la inversión más alto que los condominios de lujo frente al mar.

Así que aquí hay cinco banderas rojas que no son necesariamente factores decisivos, pero sí indican que es hora de dar un paso atrás y reevaluar tu plusvalía estimada. Si compras propiedades como las siguientes, puedes esperar mayores costos de rehabilitación, mayores costos de tenencia o incluso tener que descontar el precio de listado para moverlas.

La casa única/encantadora/peculiar "con carácter"

Estoy seguro de que has visto estas casas ultra personalizadas diseñadas para adaptarse al gusto de una persona en particular...y rara vez a nadie más. Hasta cierto punto, te encontrarás con este problema con casi todas las casas que planeas revender, ya que te estás enfocando en propiedades fuera del mercado que no se han puesto en escena profesionalmente.

Pero el verdadero problema no son las alfombras, las paredes que brillan en verde lima o los azulejos psicodélicos en la cocina. Estos problemas cosméticos se pueden solucionar de forma rápida y económica. Estoy hablando de las "peculiaridades" mucho más difíciles de cambiar que hacen que la propiedad en sí se destaque del vecindario.

Por ejemplo, si bien no hay nada de malo en construir una casa de estilo colonial más nueva en medio de una subdivisión llena de casas de estilo Tudor más antiguas, no es una propiedad de inversión ideal. O si hay una servidumbre extraña o alguna otra característica del vecindario que oculta la casa, y su atractivo exterior, desde la calle. Tal vez desees que tu casa personal se destaque de la manada, pero no cuando estás tratando de revender el lugar a toda prisa. Dado que el tiempo cuesta más que el dinero en esta industria, deseas propiedades que tengan un atractivo masivo para que puedas atraer al mayor grupo de compradores lo más rápido posible.

Incluso si puedes atraer intereses rápidamente, muchos de tus prospectos aún tendrán problemas para calificar para sus préstamos. Cuanto más difiera tu propiedad de las ventas comparables cercanas, más tasaciones, inspecciones y revisiones ordenará el banco, todo esto le costará al comprador dinero en efectivo por adelantado y lo tentará a buscar otra casa.

El castillo en un pueblo

De la mano de evitar casas únicas, no deseas tener la propiedad más grande en un área. La simple verdad es que la casa más grande en un vecindario tendrá el precio más bajo por pie cuadrado. En términos generales, preferirías comprar una casa un poco más pequeña que el promedio para el área, y luego dejar que los precios de venta de los vecinos aumenten el valor de tu inversión, en lugar de al revés.

Además de eso, rehabilitar una casa más grande simplemente consume más de tu capital. Incluso las renovaciones modestas de una propiedad más grande costarán más en pintura, accesorios, horas de trabajo, etc. Sin embargo, lo más costoso de todo es que un proyecto más grande requerirá más tiempo para la rehabilitación. Por lo tanto, compra esas propiedades un poco más pequeñas que el tamaño promedio del vecindario, colócalas en el mercado tan pronto como obtengas el título y descárgalas lo más rápido posible con la mínima inversión en renovación. Lo sé, esta estrategia de revender las casas aburridas promedio está lejos de ser glamorosa. Nadie va a hacer un reality show de TV sobre ti, pero esto garantiza que seguirás en el negocio en los próximos años.

Casas antiguas

Si bien la velocidad de rotación es tu principal preocupación y la plusvalía está en un segundo lugar, minimizar el riesgo siempre debe estar sobre cada decisión que tomes, como un ángel molesto sobre tu hombro. Y la simple verdad es que cuanto más antigua es una casa, más riesgo estás asumiendo, sin importar cuán buen negocio sea o cuán rápido crees que puedas venderla. Cuanto más antigua sea la casa, más probabilidades tendrás de subestimar los costos de reparación y renovación, así como el tiempo requerido para arreglar las cosas. Todo esto puede parecer obvio, pero te sorprenderá la frecuencia con la que los inversionistas ven la luz en el túnel con el "gran negocio" en el que están a punto de aterrizar y esmaltar los obstáculos esenciales para revender la propiedad.

Mencioné anteriormente cómo una de las fallas más comunes para las reventas no es calcular con precisión sus costos totales. Una gran parte de lo que los hace tropezar es cuando se trata de casas antiguas, ya que hay tantos problemas ocultos que pueden afectar tu estimación. Incluso si no hay fallas importantes relacionadas con la edad, hay una buena posibilidad de que la tuya no sea la primera renovación de la casa. Entonces, al renovar la renovación de otra persona, siempre puedes esperar que surjan costos adicionales y demoras. Aun así, siempre estamos tentados a invertir porque estas casas suelen ser bastante baratas, a menudo con la hipoteca original pagada, e incluyen una increíble plusvalía incorporada...pero no hay tal cosa como un almuerzo gratis.

Claro, puedes saber si el techo necesita ser reemplazado, pero ¿puede tu inspector de viviendas decir con seguridad que las tuberías más viejas no gotean en alguna parte? ¿Qué pasa con los efectos graduales del asentamiento que alcanza la masa crítica en algún lugar? ¿Por qué hay pisos nuevos en todas partes en esta vieja casa? ¿Qué estaba encubriendo el dueño?

Incluso si la construcción y las renovaciones pesadas son tu fuerte, todavía tienes estilos anticuados con los que lidiar. Lo que hace que las casas más viejas generalmente no sean tan populares entre los compradores más jóvenes. Por ejemplo, estas propiedades tienden a tener dormitorios, armarios y baños más pequeños que las casas más modernas, sin mencionar que rara vez tienen planos de planta abiertos o divididos que son populares entre los compradores de hoy en día. Eso no quiere decir que a nadie le interesará, pero dado que la velocidad es la principal consideración, debemos mantenernos en casas que tengan el mayor atractivo posible.

Si bien estas casas aún pueden ser tentadoras, tú asumes mucho más riesgo que con una casa más nueva. Y como inversores profesionales, siempre nos esforzamos por minimizar el riesgo. Así que apila las probabilidades a tu favor y evita las casas antiguas.

La casa con "fácil acceso a todo"

¿La casa se encuentra directamente en una vía principal? Lo que es perfecto para una propiedad comercial da miedo a los compradores residenciales. En primer lugar, puedes excluir a la mayoría de las familias con niños pequeños incluso de pasar por allí. Quiero decir, ¿dejarías que tus propios hijos jueguen en el patio delantero de una propiedad a pocos metros de una calle concurrida mientras hablas con los prospectos? ¿Cómo crees que piensan otros padres acerca de vivir allí?

En segundo lugar, incluso para muchos otros compradores sin hijos, esa "conveniencia" es una molestia. ¿Quién quiere camiones que tocan la bocina de ida y vuelta, ambulancias y coches de policía haciendo sonar las sirenas durante la noche o todas las personas molestas que usan tu entrada para retroceder porque perdieron su vuelta?

Dado que estás eliminando gran parte de la base de clientes potenciales solo por la ubicación, puedes esperar que estas propiedades tarden mucho más en moverse. Cuando estas casas finalmente se venden, se venden por mucho menos que una casa idéntica a solo una cuadra de la carretera principal. Así que evita estas áreas de alto tráfico para tu tranquilidad y para minimizar el riesgo.

Cualquier casa en un vecindario que no irradie un buen ambiente

Ahora, no estoy tratando de desprestigiar ninguna comunidad. Siempre hay personas excelentes y casas cómodas, incluso en las peores partes de la ciudad. Sin embargo, como inversionista, no puedes contar con que los compradores respeten ese matiz y reconozcan el encanto oculto de los vecindarios aparentemente "malos". Los prospectos irán con sus instintos sobre la seguridad y la calidad de una comunidad, sin importar qué estadísticas o informes les muestres.

Así que nunca te obsesiones con los atributos de la propiedad en sí. Siempre debes tener en cuenta el vecindario circundante. A menos que tu nicho elegido esté en revender o alquilar en los lugares de mayor riesgo, siempre apégate a las áreas "agradables" percibidas de la ciudad para atraer el mayor interés y compradores mejor calificados.

Como mencioné en el capítulo de hacer tu tarea, además de investigar la casa, debes juzgar el "atractivo de reacción instintiva" de la comunidad y los datos macro para esa área.

Por ejemplo, no esperes revender una casa unifamiliar rápidamente en una zona con el peor distrito escolar de la ciudad. Incluso si el precio es correcto y todo lo demás es excelente, no atraerás a los compradores más calificados, por lo que el cierre llevará mucho más tiempo.

Por otro lado, solo porque la escuela local sea de primera categoría, y las estadísticas de delitos son muy bajas, no garantiza que haya una guerra de ofertas por tu inversión. ¿Es el área un lugar de reunión favorito para jóvenes de aspecto enojado? Pueden ser buenos niños, pero los clientes no se tomarán el tiempo para conocerlos primero y simplemente se irán. ¿Hay algún vecino que enarbole una bandera confederada en su patio delantero? No me interesa la política, pero eso alienará a muchos compradores potenciales. ¿Hay casas tapiadas o deterioradas a la vista de tu casa de inversión? Podrían haber un millón de razones inocentes, pero los clientes no van a esperar una explicación.

Como con todas las cosas, los mantras gemelos son: comprador ten cuidado y minimiza tu riesgo. Así que conduce tú mismo por el vecindario antes de comprar. Sal y camina un poco. Este es uno de esos detalles que no puedes delegar. Trata de conversar con cualquier persona que esté rondando la cuadra. Hay tantas trampas que podrían asustar a los clientes potenciales, por lo que debes "verificar" el área tú mismo antes de arriesgar tu dinero.

Reflexiones finales y palabras de aliento

Ahora que estás entusiasmado y, con suerte, tomaste algunas notas para llevar tu negocio al siguiente nivel, aquí es donde se supone que debo venderte más mis cursos y recursos de generación de clientes potenciales en línea. La verdad es que, si has leído y aplicado todo en este libro, los recursos en línea son completamente opcionales. Este libro tiene todos los fundamentos básicos que necesitas no solo para comenzar, sino también para tener éxito.

Dicho esto, todavía puedo ofrecerte muchos recursos para reducir la curva de aprendizaje y darte una ventaja real en cualquier mercado.

1) La herramienta más popular es una suscripción mensual a nuestro servicio de generación de clientes potenciales. Esto cubre:

Clientes potenciales de nivel 1 - Cada nueva ejecución hipotecaria, presentación de testamento y divorcio en un condado por tu rango de tiempo elegido.

Clientes potenciales de nivel 2 - Todos los gravámenes nuevos de la Asociación de Propietarios de Casas/Asociación de Propietarios de Condominios, incumplimientos de impuestos y gravámenes de condado y estado, desalojos y varios fallos judiciales (como por infracciones del código).

Y mi equipo de tecnología obtiene todos estos datos directamente de los registros judiciales y nunca de avisos públicos. Por lo tanto, serás el primero en saber acerca de cada posible trato fuera del mercado en tu condado.

Por una tarifa única, también podemos construir webscrapers independientes para ti, si prefieres no pagar una suscripción mensual.

Visita nuestro sitio web para un recorrido por el software e incluso una muestra gratuita de tres clientes potenciales para abrir tu apetito.

www.lirankoren.com

2) También ofrecemos asesoramiento práctico todo incluido para mayoristas, inversores en efectivo, agentes y licitadores de subastas. Esta no es una charla motivadora, sino un curso intensivo sobre la creación de tu infraestructura de ventas, evaluando cada aspecto minucioso de tus acuerdos, negociando con los propietarios y representantes de bienes y asegurando financiamiento o compradores finales de efectivo.

Te guiamos a través de cada paso del proceso, verificando doblemente tus matemáticas y la diligencia debida en el camino, hasta que estés dominando tu mercado local. El curso también incluye una suscripción gratuita por un año a todos los clientes potenciales en tu mercado local.

3) No tienes tiempo para construir tu propio sistema desde cero y quieres hacer realidad el sueño real de los ingresos pasivos? Liderada por mí personalmente y con personal que he capacitado cuidadosamente, mi compañía de servicios completos de administración de propiedades y adquisición de inversiones es tu tienda única para construir tu cartera y extraer el máximo valor de ella mientras minimizas tu estrés e inversión de tiempo.

Visita Luxury Property Care, LLC para una consulta gratuita de lo que podemos hacer por ti en tu mercado local.

www.luxurypropertycare.com

En cualquier caso, me encantaría escuchar tus preguntas, quejas o sugerencias sobre más temas para agregar en una segunda edición de este libro. Siempre estoy viendo las reseñas en Amazon para ver cómo puedo agregar más valor. Cualquier comentario que proporciones será muy apreciado.

Sobre el autor

Liran Koren es un inversionista activo de alto volumen en Florida con más de 1,000 cierres en su haber, así como cofundador de Luxury Property Care.

Disfruta de un buen entrenamiento CrossFit o de viajar a cualquier lugar nuevo tanto como procesar datos.

También proporciona entrenamiento en profundidad y webscrapers personalizados a través de su empresa educativa en: www.lirankoren.com.

También puedes contratar sus servicios de administración de propiedades y adquisición para inversores directamente en www.luxurypropertycare.com

www.ingramcontent.com/pod-product-compliance
Lightning Source LLC
Chambersburg PA
CBHW070630220526
45466CB00001B/136